韓国語

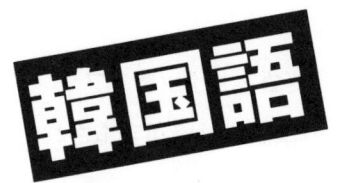

平成 22・23・24年度版

大学入試センター試験
対策問題集

白帝社

は じ め に

　これまで，大学入試センター試験の外国語科目は，英語・ドイツ語・フランス語・中国語の４科目のみであったが，新たに平成14年度から韓国語の試験が実施された。本書は，過去３年の［試験問題］の出題傾向を分析し，これに正解・解説を加えたものである。

　それぞれ，左側のページに問題，右側のページにその正解・解説を配してあるので，巻末の解答欄を切り取り，右ページを覆いながら，まずは取り組んでもらいたい。解答方法は，あらかじめ与えられた選択肢の中から，もっとも適当と思われるものを選び，解答用紙の該当個所を鉛筆でマークするマークシート形式である。試験時間は80分，200点満点である。解答し終わったら，今度は右ページの正解と照らし合わせて，自己採点してみよう。不正解だった問題はもとより，正解した問題であっても解説をしっかり読み，出題のねらいを再確認すること。解説には，必要に応じて問題を解くにあたってのポイントと，間違いやすい問題に対しての注意事項が盛り込まれているので，あわせて学習してもらいたい。

　大学入試センター試験は，高等学校における既習学力の程度を試問するものである。よって，ここに出題されている問題はいずれも韓国語を学ぶ上で欠くことのできない学習事項といってもよいであろう。毎年，新問題を付け加え出版していく予定であるので，大いに利用していただきたい。

　本書を利用される方々にとって，単なる「受験用外国語教材」の域に留まることなく，韓国語学習の一助となることができれば幸いである。

白帝社編集部

平成 24 年度韓国語試験の概要

配　　　点：200 点
制限時間：80 分
試験問題：全 5 問，50 題

　本試験　第 1 問　配点 32 点　発音・漢字音（4 点×8 問＝32 点）
　　　　　第 2 問　配点 80 点　語彙・文法・作文（4×20＝80）
　　　　　第 3 問　配点 40 点　会話文（4×10＝40）
　　　　　第 4 問　配点 24 点　長文（4×6＝24）
　　　　　第 5 問　配点 24 点　長文（4×6＝24）

本試験の受験者数及び平均点（平均点は 100 点満点に換算した点数である。）

	受験者数	平均点
韓　国　語	151	73.18
英　　　語	519,867	62.07
ド イ ツ 語	125	72.05
フランス語	142	65.84
中　国　語	389	77.04

＊大学入試センター試験の刊行物から転載させていただきました。

目　次

はじめに　ii

韓国語試験の概要　iii

平成22年度大学入試センター試験 ……………………………………………………… *1*

　　正解・配点 ……………………………………………………… *48*

平成23年度大学入試センター試験 ……………………………………………………… *49*

　　正解・配点 ……………………………………………………… *90*

平成24年度大学入試センター試験 ……………………………………………………… *91*

　　正解・配点 ……………………………………………………… *134*

平成22年度大学入試センター試験

韓 国 語

問題と正解・解説

韓　国　語

(解答番号 1 ～ 52)

第1問　次の問い(A～C)に答えよ。(配点　32)

A　次の問い(問1・問2)の文の下線部ⓐ・ⓑを，例に示したようにハングルで発音表記する場合，その組合せとして最も適当なものを，それぞれ下の①～④のうちから一つずつ選べ。

例　｜　저기 ⓐ있는 것이 질도 ⓑ좋고 값도 싸요.
　　｜　発音表記　ⓐ［인는］——ⓑ［조코］

問1　노란 선을 ⓐ넘지 ⓑ않도록 조심하세요. 　1

① ⓐ［넘치］——ⓑ［안또록］
② ⓐ［넘치］——ⓑ［안토록］
③ ⓐ［넘찌］——ⓑ［안또록］
④ ⓐ［넘찌］——ⓑ［안토록］

問2　ⓐ맛없어서 더 이상 ⓑ못 먹겠습니다. 　2

① ⓐ［마덥써서］——ⓑ［몽먹께씀니다］
② ⓐ［마덥써서］——ⓑ［몬먹께씀니다］
③ ⓐ［마섭써서］——ⓑ［몽먹께씀니다］
④ ⓐ［마섭써서］——ⓑ［몬먹께씀니다］

第1問

まず試験問題全体の印象を述べておく。2010年2月に大学入試センターから発表された資料によると，韓国語の受験者は前年度より30名増加し，平均点は20ポイント近く下がった。ところが，最低点が20ポイント近く上がったことを考えると，基本的な問題と難易度の高い問題とが混ざって出題されたのが原因ではなかったかと思われる。第1問の発音と綴り字・漢字音を問う問題の数は8問で，基本的な知識を問う問題であった点は昨年と同様であり，今後も継続してもらいたい点である。

> Aは発音問題である。ここ数年来特殊な音変化に関する知識を問う形式が続いてきたが，今年度は昨年度と同じく，基本的な音変化に関する知識を問う形式になっている。一般の受験者の増加を望むという観点からすれば歓迎すべき傾向であるといえよう。

問1　　1　　正解④　配点4点

ㅁで終わる語幹にㄱㄷㅅㅈで始まる語尾が続くと濃音化するという点，および激音化の知識を問う基本問題である。aが通常の有声音化ではなく濃音化して[넘께]と発音されることを知っていれば容易に解ける問題である。濃音化は単語に関する知識に左右されることが多いが，今年度の問題は文法知識のみによって正解が導きだされる問題であった。

問2　　2　　正解②　配点4点

合成語における連音化および単語間の鼻音化という基本的な音変化を問う問題。aは맛＋없다という合成語の活用形であり，맛に終声規則が適用されてから連音化することは基礎知識として知っておくべき事柄である。Aは基本単語ばかりであり，全問正解しておきたい。

B 次の問い(問1〜3)において，下線部のハングル表記が正しいものを，それぞれ下の①〜④のうちから一つずつ選べ。

問1　3

① 모르는 단어를 사전에서 일일히 찾아보았다.
② 조사한 내용을 낱낱히 보고하시오.
③ 성함과 이메일 주소를 천천히 불러 주세요.
④ 화장실을 깨끗히 사용합시다.

問2　4

① 음악 소리가 시끌어워서 잠을 못 자겠다.
② 계단을 올라가다가 미끌어져서 다리를 다쳤다.
③ 많은 자료를 분석해서 이런 결론을 끌어내었다.
④ 그는 약속을 지키지 못한 것을 부끌어워했다.

問3　5

① 내 예상은 한 번도 빗나간 적이 없다.
② 사자를 흔히 동물의 왕이라고 일컫는다.
③ 김치를 겻들여 드시면 더 맛있을 겁니다.
④ 두 사람은 서로 얼굴을 맡대고 이야기를 하고 있었다.

Bは新傾向の問題である。連音化や激音化と関連して綴り字と発音の関係を正確に記憶しておく必要があり，良問と言えよう。昨年と比べ，基本的な単語で出題されていた点も改善されたと言える。韓国語母語話者がしばしば間違えることを考えると，母語話者に近い受験者の平均点を下げるための問題であったとも考えられる。

問1　　3　　正解③　配点4点
副詞化の接尾辞이, 히の表記に関する問題である。
①知らない単語を辞書でいちいち調べた。　　［일일이正しい綴り字］
②調査した内容を一つ残らず報告せよ。　　［낱낱이が正しい綴り字］
③名前とメールアドレスをゆっくり読み上げてください。　　［正しい綴り字］
④トイレを清潔に使いましょう。　　［깨끗이が正しい綴り字］

問2　　4　　正解③　配点4点
子音をパッチムとして書くか初声字として書くかを問う問題。全て基本語彙である。
①音楽の音がうるさいので眠れそうにない。［시끄러워서が正しい綴り字］
②階段を上る途中で滑って足をけがした。　　［미끄러져서が正しい綴り字］
③多くの資料を分析してこのような結論を引き出した。　　［正しい綴り字］
④彼は約束を守れなかったことを恥じた。　　［부끄러워했다が正しい綴り字］

問3　　5　　正解②　配点4点
全て基本語彙とは言えない単語であり，出題語彙の選択に関して再考が望まれる。②は数少ないㄷ変則動詞である。①は「斜め，逸れる」ことを示す接頭辞の빗，④は「たがい」を示す接頭辞の맞に関する知識があれば除外できるが，高度な知識である。
①私の予想は一度も外れたことがない。　　［빗나간が正しい綴り字］
②ライオンをしばしば百獣の王と称する。　　［正しい綴り字］
③キムチを添えて召し上がればもっと美味しいでしょう。
　　　　　　　　　　　　　　　　　　　　　［곁들여が正しい綴り字］
④二人は互いに顔を突き合わせて話をしていた。　　［맞대고が正しい綴り字］

C 次の問い(問1〜3)において，a〜cの下線部を漢字で表記した場合(例：일본　日本)の異同について正しく述べたものはどれか。それぞれ下の①〜⑤のうちから一つずつ選べ。

問1　[6]

　　a　영화 감독　　b　음악 감상실　　c　독서 감상문

　　① aとbが同じ　　② aとcが同じ　　③ bとcが同じ
　　④ すべてが同じ　　⑤ すべてが異なる

問2　[7]

　　a　공식 방문　　b　공해 대책　　c　공급 부족

　　① aとbが同じ　　② aとcが同じ　　③ bとcが同じ
　　④ すべてが同じ　　⑤ すべてが異なる

問3　[8]

　　a　예방 주사　　b　영업 방해　　c　위성 방송

　　① aとbが同じ　　② aとcが同じ　　③ bとcが同じ
　　④ すべてが同じ　　⑤ すべてが異なる

Cは例年出題されている漢字音の異同を問う問題であるが，昨年度と同様に，漢字を示すのではなく，ハングルを漢字で表記した際の異同を問う問題に変更されている。韓国語における漢字音は原則として1字1音であり，漢字熟語も日本語と共通するものが多いので，漢字音を覚えると語彙が急速に増える。センター試験の出題とは無関係に，基本的な漢字音はぜひとも覚えておきたいものである。

問1　6　正解⑤　配点4点
감という発音を持つ漢字の異同を問う問題である。日本語に訳せば以下のようになるので，「⑤すべてが異なる」が正解。

　　　　a　映画監督　　　　b　音楽鑑賞室　　　c　読書感想文

問2　7　正解①　配点4点
공という発音を持つ漢字の異同を問う問題である。日本語に訳せば以下のようになるので，「①aとbが同じ」が正解。

　　　　a　公式訪問　　　　b　公害対策　　　　c　供給不足

問3　8　正解⑤　配点4点
방という発音を持つ漢字の異同を問う問題である。日本語に訳せば以下のようになるので，「⑤すべてが異なる」が正解。

　　　　a　予防注射　　　　b　営業妨害　　　　c　衛星放送

冒頭でも述べたように，漢字音を覚えると語彙が急速に増えるので，教育漢字程度の漢字音は覚えておきたい。その際には，漢字を個々バラバラに暗記するよりも，漢字熟語の形で覚える方が効率的である。ただし，今年度の問題については，韓国語の知識よりも漢字に対する知識を問う問題のようにも感じられた。再考を望みたい。

第2問 次の問い(A~F)に答えよ。(配点 80)

A 次の問い(問1・問2)の下線部の単語について，辞書の見出し語の形として正しいものはどれか。それぞれ下の①~④のうちから一つずつ選べ。

問1 인터넷을 통해 여러 사람들의 의견을 모았다. ☐9☐

　　① 모으다　　② 모아다　　③ 몹다　　④ 못다

問2 모기가 내 이마를 물었다. ☐10☐

　　① 묻다　　② 무르다　　③ 물다　　④ 물으다

第２問

基本的な文法力を問う問題である。

> Aは基本形に戻す問題形式である。平成14年度は，単語の意味が判らなくとも文法知識のみで解けたが，平成15年度以降はそれだけでは解けないような問題に変化している。問2は正確な意味がわからないと解けない良問である。

問1　　9　　正解①　配点４点

「インターネットを通じて多くの人々の意見を集めた。」 모았다という形式は，理論的には①모으다(集める)および②모아다の２通りに戻る可能性があるが，②は実際には存在しない単語なので①しかあてはまらない。この問題は単語の意味と活用形を正確に知らないと解けない問題であるが，모으다は基本語彙なので容易に解ける問題である。

問2　　10　　正解③　配点４点

「蚊が私の額を刺した。」 물었다という形式は，理論的には①묻다(尋ねる)，③물다(噛む)，および④물으다の３通りに戻る可能性がある。このうちで存在しない単語は④だけなので「刺す」という意味から考えて③が正解になる。ちなみに関西方言では，蚊は韓国語と同じく人間を「噛む」と表現する。

B 次の問い(問1・問2)において，与えられた単語の形を，**例**にならって変えるとき，(a)・(b)に入れる語形の組合せとして最も適当なものを，それぞれ下の①〜④のうちから一つずつ選べ。

問1 例 보다 → 보아요

알아듣다 → (a)　　붓다 → (b)　　11

① a 알아듣어요　　b 붓어요
② a 알아듣어요　　b 부어요
③ a 알아들어요　　b 붓어요
④ a 알아들어요　　b 부어요

問2 例 보다 → 보면

빨갛다 → (a)　　얼다 → (b)　　12

① a 빨가면　　b 얼면
② a 빨가면　　b 얼으면
③ a 빨개면　　b 얼면
④ a 빨개면　　b 얼으면

> Bは与えられた用言を活用させる問題であり，正確な語彙力と変格活用に関する文法力が要求される。今年度は基本的な問題が出題された。

問1　11　　正解④　配点4点
語幹がㄷで終わるものおよび，語幹がㅅで終わるものは，大部分が正格活用なので，基本語彙としては10個程度しか存在しないㄷ変格およびㅅ変格の用言を覚えるのが正解への最短距離である。この問題では알아듣다がㄷ変格であり，붓다がㅅ変格なので，それぞれ알아들어요および부어요と活用した④が正解である。

問2　12　　正解①　配点4点
語幹がㅎで終わる形容詞は좋다以外すべてㅎ変格であることは覚えておきたい。빨갛다は子音語幹なので으면が接続するところまでは基本である。次に，ㅎ変則形容詞は으の前でㅎが脱落するので빨가면となることが分かれば，ｂの選択肢を選ぶのは容易であろう。ㄹ語幹のㄹ脱落現象は頻出問題なのでどのような条件のときに脱落するかをきちんと押さえておきたい。

C 次の問い(問1〜8)の 13 〜 20 に入れるのに最も適当なものを，それぞれ下の①〜④のうちから一つずつ選べ。

問1 목이 13 기다렸지만 철수는 오지 않았다.

① 빠지느라 ② 빠지려고 ③ 빠지고자 ④ 빠지도록

問2 그럼 너 14 해 봐라.

① 로부터 ② 부터 ③ 에게서 ④ 에서

問3 시장에 가서 양말을 두 15 사 왔다.

① 마리 ② 잔 ③ 켤레 ④ 권

問4 여기 있는 물건을 쓰고 나면 제자리에 16 갖다 놓으세요.

① 때로 ② 도로 ③ 두루 ④ 더러

問5 지난주 17 원고 잘 받았습니다.

① 부쳐 올린 ② 부쳐 받은 ③ 보내 드린 ④ 보내 주신

問6 손님, 여기서부터 공장까지는 제가 18 .

① 드리겠습니다 ② 데리겠습니다
③ 모시겠습니다 ④ 뵙겠습니다

Cは正確な語彙力と文法力が要求される問題である。平成16年度以降，難易度がかなり上がっていたが，平成21度以降は基本的な問題がいくつか混じっていてやや点数が取りやすくなった。

問1　13　　正解④　配点4点
「首を長くして待ったがチョルスは来なかった。」목이 빠지도록という慣用句に対する知識の有無だけで正解できるか否かが決まり，かつ基本表現に含まれないので，良問とは言えないだろう。

問2　14　　正解②　配点4点
「それならお前からやってみろ。」日本語の「から」に相当する助詞には場所の起点에서，時・順序の起点부터，経路의 로などがある。ここでは順序の助詞を選ぶ。

問3　15　　正解③　配点4点
「市場に行って靴下を2足買ってきた。」助数詞を選ぶ問題。選択肢は「①匹，②杯，③足，④冊」なので③が正解。

問4　16　　正解②　配点4点
「ここにあるものを使ったら元の場所に元通りに持っていってください。」副詞の中で「元通りに」という意味を持つものを選ぶ問題。発音のよく似た副詞が並んでいるので迷いやすい問題である。

問5　17　　正解④　配点4点
「先週お送りくださった原稿ありがたく頂戴しました。」授受表現に対する知識を問う問題であるが，この問題は日本語と対応する形式を選べばよい。

問6　18　　正解③　配点4点
「お客様，ここから工場までは私がご案内いたします。」데리다の謙譲語である모시다を選べるか否かがポイントである。謙譲語は数が少ないのですべて覚えておきたい。

問 7 콜라가 ⬚19 다 빠져서 맛이 없어.

① 김이   ② 기가   ③ 맥이   ④ 숨이

問 8 A : 이 서류 한 번 더 확인 안 해도 될까요?
　　　B : ⬚20 는 말도 있으니까 한 번 더 보지요.

① 돌다리도 두드려 보고 건너라
② 모르는 게 약이라
③ 열 번 찍어 안 넘어가는 나무 없다
④ 옷이 날개라

D　次の問い(問1・問2)において，下線部の語句と入れ替えたとき，文意が最も近くなるものを，それぞれ下の①〜④のうちから一つずつ選べ。

問 1 이제 설거지만 하면 되니까 집안일은 <u>거의 다 한 셈이야</u>. ⬚21

① 끝났을지도 몰라   ② 안 끝날지도 몰라
③ 하나도 안 끝난 거지   ④ 대강 끝난 거지

問 2 누굴 탓하겠어요. 그 사람 말을 <u>곧이들은</u> 내가 바보죠. ⬚22

① 억지로 믿은   ② 똑똑히 받은
③ 그대로 믿은   ④ 무심히 받은

問7　19　　正解①　配点4点

「コーラが気がすっかり抜けてまずいね。」選択肢は「①炭酸が, ②気が, ③脈が, ④息が」であり, 日本語と似ている②を選ばないように注意したい。難問。

問8　20　　正解①　配点4点

「A：この書類，もう一度確認しなくても構いませんか。B：石橋を叩いて渡るという言葉もあるからもう一度見ましょう。」諺を問う問題が時々出るので, 日常的によく使われるものは押さえておきたい。選択肢は「①石橋も叩いてみて渡れ, ②知らないのが薬だ（知らぬが仏），③10回切って倒れない木はない, ④衣装が翼だ（馬子にも衣装）」であり, 日本語に対応する①を選ぶのは容易であろう。

> Dは置き換え問題である。問3の課題文が難しいことを除けば, 例年と比べると選択肢が比較的区別のつけやすい単語が並んでいるように思える。

問1　21　　正解④　配点4点

「後は洗い物さえすればよいから，家事はほとんど終わったことになる。」選択肢は「①終わったかもしれない, ②終わらないかもしれない, ③一つも終わらなかったよ, ④大体終わったよ」であり, 明確に異なっているので, 正解を選ぶのは容易であったと思われる。

問2　22　　正解③　配点4点

「誰を恨みましょうか。あの人の言葉を真に受けた私がバカなんです。」下線部の単語は難しいので良問とは言い難いが, それ以外の部分から意味はほぼ推測できるはずである。選択肢は「①無理に信じた, ②賢明に受け取った, ③そのまま信じた, ④何気なく受け取った」であり, 慌てさえしなければ消去法で考えても③が正解であることは判るであろう。

E 次の問い(問1〜4)の下線部の日本語に相当する韓国語として最も適当なものを，それぞれ下の①〜④のうちから一つずつ選べ。

問1 あんな映画，見ても見なくても同じことだよ。
   그런 영화는 [23] .

   ① 보나 마나야   ② 보이든 말든이야
   ③ 보일락 말락이야   ④ 볼지 말지야

問2 今日に限って，うどんが食べたい。
   [24] 우동이 먹고 싶다.

   ① 오늘에 한해서   ② 오늘따라
   ③ 오늘을 끝으로   ④ 오늘이야말로

問3 約束を破ってはいけません。
   약속을 [25] .

   ① 어기면 안 됩니다   ② 찢으면 안 됩니다
   ③ 부수면 안 됩니다   ④ 어긋나면 안 됩니다

問4 私が幼稚園に着くやいなや，娘が飛び出してきた。
   내가 유치원에 [26] 딸이 뛰어나왔다.

   ① 도착하기 짝이 없이   ② 도착하기가 무섭게
   ③ 도착하기 시작하면   ④ 도착하기는커녕

> Eは作文の問題である。単純な置き換えでは正解に至れない問題で，昨年の問題と比べると語彙がやや難しくなったようである。

問1　23　　正解①　配点4点
「～してもしなくても同じだ」はよく用いられる表現なので比較的解きやすかったと思う。選択肢は「①見ても見なくても同じだ，②見えても見えなくてもだ，③見えたり見えなかったりだ，④見るか見ないかだ」であり，じっくり考えれば①が正解であることは判るであろう。

問2　24　　正解②　配点4点
「～に限って」を直訳すると，①오늘에 한해서になりそうだが，この問題は時を示す名詞に続く「～따라」という助詞を用いるのが正解であり，良問。「③今日を最後に，④今日こそは」が当てはまらないことは容易にわかるだろう。

問3　25　　正解①　配点4点
「約束を破る」の「破る」が어기다であることは知っておく必要がある。誤答の選択肢である「②破る，③壊す，④外れる」はいずれも「約束」と共に使わない。

問4　26　　正解②　配点4点
「～やいなや」が자마자であるという知識は初級段階である。センター試験ではこの表現に対して기가 무섭게を対応させる例が過去に何度も出ている。頻出慣用句であるので覚えておきたい。

F 次の問い(問1・問2)において，27・28 に入れるのに**適当でない**ものを，それぞれ下の①〜④のうちから一つずつ選べ。

問1 오늘은 어제보다 날씨가 27 .

① 무덥네요　② 두껍네요　③ 덥네요　④ 따뜻하네요

問2 다음 달에 한국어 시험을 28 로 했다.

① 보기　　② 치르기　　③ 받기　　④ 치기

> Fは置き換えの問題であるが，単純な置き換えではなく「適当でないもの」
> を選ぶので難易度は高くなる。

問4　27　正解②　配点4点
「今日は昨日より天候が**暑かったですね。**」날씨と共に使えない語彙を選ばせる問題である。「①蒸し暑いですね，③暑いですね，④暖かいですね」は全て날씨と共に使えるが，「②分厚い」は天候の表現としては使用できない。

問5　28　正解③　配点4点
「翌月に韓国語の試験を**受けることにした。**」日本語からの類推で間違いやすい問題である。試験を「受ける」に使える動詞は「①보다，②치르다，④치다」であり，日本語に対応する「③받다」は使えない。

第3問 次の問い(A〜D)に答えよ。(配点 40)

A 次の問いの 29 〜 31 に入れるのに最も適当なものを，それぞれ下の ①〜⑧ のうちから一つずつ選べ。ただし，同じものを繰り返し選んではいけない。

問 수 미 : 할머니, 29
　　할머니 : 잘 잤니? 아유, 벌써 갈 준비 다 했구나. 빨리 아침 먹자.
　　수 미 : 네, 30
　　(밥을 먹고 나서)
　　할머니 : 그런데 오늘 늦니?
　　수 미 : 친구랑 약속이 있어서 늦을지도 몰라요. 할머니는 집에 계실 거죠?
　　할머니 : 그래. 너무 늦지 않도록 해라. 길 조심하고 잘 다녀와.
　　수 미 : 네, 걱정 마세요. 31

① 잘 있어요.
② 안녕히 다녀오세요.
③ 잘 먹겠습니다.
④ 실례합니다.
⑤ 안녕히 주무세요.
⑥ 다녀오겠습니다.
⑦ 안녕히 주무셨어요?
⑧ 감사했습니다.

第3問

解きにくい問題も見受けられるが，会話文で用いられる慣用句を知らなければ解けないものはほとんどなく，昨年と同様に素直な問題になっている。今年度は1年ぶりに絵を用いた問題が出題された。

> Aは新形式の問題である。全て基本的な挨拶の表現なので，答えやすかったことと思う。良問。

問　29　正解⑦，30　正解③，31　正解⑥，　配点はすべて2点

　スミ：おばあさん，29
　祖母：おはよう。おやまあ，出かける準備がすっかりできてるんだね。早く朝ごはんを食べよう。
　スミ：はい，30
（ご飯を食べてから）
　祖母：ところで，今日は遅くなるの？
　スミ：友達と約束があるので遅くなるかもしれないわ。おばあさんは家にいるんでしょ？
　祖母：そう。あまり遅くならないようにね。車に気をつけてね。
　スミ：はい，心配いらないわ。31

選択肢の日本語訳は以下の通りである。会話の流れの中で最も自然なものを選べばよい。
①元気です。
②行ってらっしゃい。
③いただきます。
④失礼します。
⑤おやすみなさい。
⑥行ってきます。
⑦おはようございます。
⑧ありがとうございました。
　【29】朝起きておばあさんに言う挨拶
　【30】朝食を食べる前に言う挨拶
　【31】出かける時に言う挨拶

B 次の問い(問1〜4)の 32 〜 35 に入れるのに最も適当なものを，それぞれ下の①〜④のうちから一つずつ選べ。

問1　A : 어머, 이 우산 좋네. 어디서 났어?
　　　B : 언니가 사 준 거잖아요. 벌써 잊어버렸어요?
　　　A : 정말? 32

　　① 내가 언제 사 줬지?
　　② 얼마 내고 받았어?
　　③ 누구한테 돌려줘야 해?
　　④ 어디에 두고 왔지?

問2　A : 여행 갔다 왔다며?
　　　B : 33
　　　A : 응, 네 친구가 그러더라.

　　① 아니, 내일 갈 건데요.
　　② 누구랑 가셨어요?
　　③ 네, 그러세요.
　　④ 아니, 어떻게 아세요?

> Bは短い対話文を読んで内容に関する質問に答える問題である。どの問題も基本的な表現が用いられており，良問である。

問1　　32　　正解①　配点3点
　A：あら，この傘いいわね。どこで手に入れたの？
　B：あなたが買ってくれたんじゃない。もう忘れたの？
　A：本当に？　32

「自分が買ってあげたことを忘れていた」という事実に関連する内容を選べばよいことが推測できる。選択肢は「①私がいつ買ってあげたっけ？②いくらで買ったの？③誰に返せばいいの？④どこに忘れて来たのかしら。」なので①が最も適切であることは容易にわかるだろう。

問2　　33　　正解④　配点3点
　A：旅行に行って来たんだって？
　B：　33
　A：うん，あなたの友達がそう言ってたわ。

分かりやすい会話文なので，全体の流れをつかむのは容易であろう。発話の内容からなぜ分かったのかと尋ねている場面だということはすぐにわかるだろう。与えられた選択肢は「①いいえ，明日行くんですけど。　②誰と行ってらしたの？　③ええ，そうなさってください。　④あれ，どうしてご存じなんですか。」なので④が正解である。

問 3 손   님 : 아저씨, 오늘 생선 뭐가 좋아요?
　　　가게 주인 : 이 도미 어때요?
　　　손   님 : 그거 너무 비싸지 않아요?
　　　가게 주인 : 34

① 그럼 싸 드릴까요?
② 잘해 드릴게요.
③ 싸지도 않아요.
④ 잘해 주세요.

問 4 택시 기사 : 손님, 다 왔습니다.
　　　손   님 : 어머, 생각보다 빨리 왔네요.
　　　택시 기사 : 네, 길이 별로 안 막히네요.
　　　손   님 : 35

① 시간이 없는데 좀 빨리 갑시다.
② 안 막히는 길 없어요?
③ 그럼, 거스름돈 얼마예요?
④ 저 신호등 앞에서 세워 주세요.

問3　　34　　　正解②　配点4点
　お客：おじさん，今日の魚は何がいいの？
　主人：この鯛はどうですか。
　お客：それ，ずいぶん高いんじゃないの？
　主人：　34

도미という単語を知らなくても魚の名前だということが分かれば，全体の流れをつかむのは容易であろう。発話の内容から「安くしておく」と答えている場面だということはすぐにわかるだろう。選択肢は「①それなら包んで差し上げましょうか。②お安くしておきますから。③安くもありませんよ。④まけてください。」である。잘하다という表現は「安くする」という意味で用いられているが，直訳の「良くする」と考えても，①と③が正解になりえないことはすぐに分かるので，消去法でも正解が選べるであろう。

問4　　35　　　正解④　配点4点
　運転手：お客さん，もうすぐ着きますよ。
　お　客：あら，思ったより早く着いたわね。
　運転手：ええ，道があまり混んでいませんでしたから。
　お　客：　35

タクシーに乗って目的地に近づいた時にお客さんの発する言葉を選べばよい。選択肢は「①時間がないので早く行きましょう。②混まない道はありませんか。③それならお釣りはいくらですか。④あの信号の前で止めてください。」であり，正解の④以外はどれも入らない。

C 次の会話文を読み，下の問いに答えよ。

보라 : 엄마, 이 광고 좀 보세요. 디자인 예쁘죠?
엄마 : 그래? 어디 보자. 괜찮네.
　　　그런데 우린 식구가 여섯 명이나 되니까 크기도 어느 정도 돼야지.
보라 : 여섯 명 다 같이 어디 가는 경우는 별로 없잖아요.
엄마 : 그래도 해마다 여름엔 다 함께 여행도 가고 그러잖니.
　　　이건 너무 좁을 것 같고, 자리도 불편할 것 같은데.
보라 : 보통 때는 엄마랑 저랑 둘만 쓰잖아요.
　　　그러니까 다 같이 여행 갈 땐 큰 걸 빌리기로 하고, 보통 때는 이게
　　　낫지 않을까요?
엄마 : 하긴, 그게 유지비도 덜 들고 경제적이긴 하겠다.

問　二人が見ている広告の商品として，最も適当なものを，次の①～④のうちから一つ選べ。　36

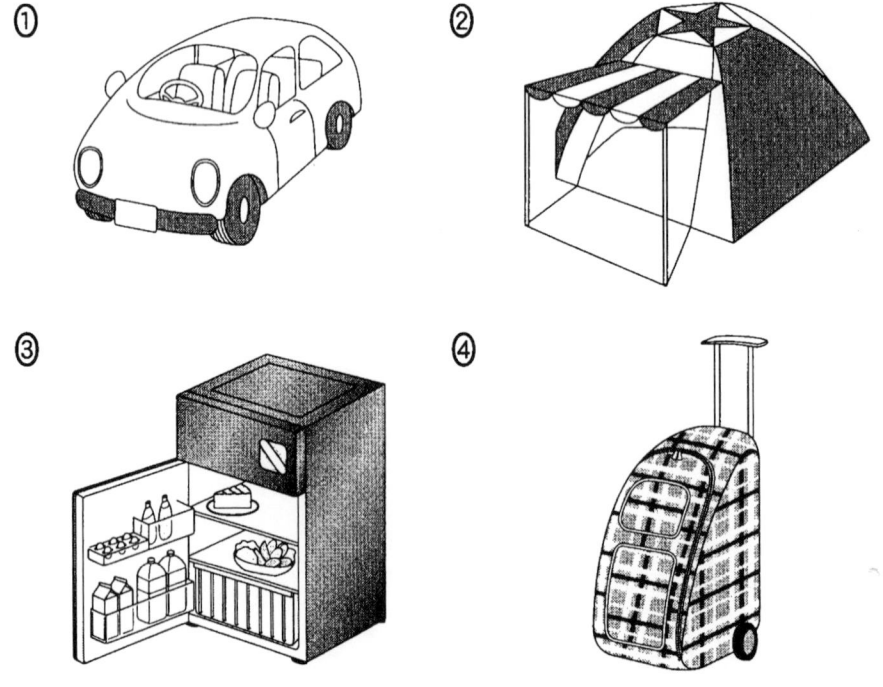

> Cは19年，20年に試みられた，イラストを用いた問題である。3回目の試み
> でようやく，苦労して作った甲斐のある内容の問題に仕上がっている。

会話の内容から20の扉の要領で，話題にしているものが何であるかを推測させる問題である。

ポラ：ママ，この広告ちょっと見て。デザイン可愛いでしょ。
母　：どれどれ。いいわね。でもうちの家族は6人だからある程度大きいものでなくちゃ。
ポラ：6人全員がどこかに行くなんて滅多にないじゃない。
母　：でも，毎年夏全員で旅行に行くじゃない。これじゃあ狭すぎるようだし，座り心地もよくなさそうだわ。
ポラ：普段はママと私しか使わないじゃない。だから，みんなで旅行に行く時は大きなのを借りることにして，普段はこれの方がよくないかしら。
母　：そう言えばそうね。維持費も安くつくし経済的だわ。

問　36　　正解①　配点4点

イラストで示された選択肢は「①自動車，②テント，③冷蔵庫，④旅行かばん」である。使用語彙は全て基本的なものばかりであり，「デザイン，大きさ，旅行，狭い，座席，レンタル，維持費」などのキーワードから，正解の①が自然と導きだされる。

D 次の会話文を読み，下の問い(**問1～4**)に答えよ。

에미코 : 은수야, '셤'이 뭐니?
은　수 : '셤'? 그거 어디서 나온 말인데?
에미코 : 인터넷 하다 보니까 그런 말이 나오더라.
태　규 : 아, 그건 채팅* 할 때 '시험'을 줄여서 하는 말이야.
에미코 : '시험'을 줄여서 '셤'이라고? (　A　)
태　규 : 채팅 할 때 상대방이 한 말에 바로 대답하려다 보니까 그렇게 된 거야. 채팅에서는 무엇보다 속도가 중요하거든.
에미코 : 사전에도 안 나오고……. (　B　) '강추', '강추'는 또 뭐니?
태　규 : 그건 '강력 추천'을 줄인 말이야. 어떤 영화나 책 같은 게 굉장히 재미있을 때, 그걸 한번 보라고 강력하게 추천한다는 뜻이지.
에미코 : 너무 어렵다. 왜 그렇게 어려운 말을 쓰는 거야?
태　규 : 뭐가 어려워? 그냥 줄이기만 한 건데. '남자 친구'는 '남친', '즐거운 채팅'은 '즐팅'. 재미있잖아.
은　수 : 　38　 요즘 채팅 언어는 내가 보기에도 너무 심해.
태　규 : 하지만 우리들만 아는 표현을 쓰면 왠지 더 친해지는 느낌도 들고 좋잖아.
에미코 : 그럼 나 같은 외국 사람은 어떻게 해?
은　수 : 그것 봐, 태규야. 네가 말하는 '우리들'에 끼지 못하는 사람들은 소외될** 수도 있잖아.
태　규 : 하긴 　39　 .
은　수 : 세대 간의 의사 소통이 어려워진다는 비판도 있어.
태　규 : 그래도 이게 지금 이 시대의 한 모습이잖아.
　　　　 생활의 재미를 더해 주기도 하고. (　C　)
에미코 : 아이고, 나도 그 '우리들'에 끼려면 채팅 언어를 익혀야겠네.

> Dは1ページが丸々本文に割かれており，会話力もさることながら，文脈を把握する力が要求される。チャットという現代社会を反映した話題が取り上げられ，チャット特有の略語も現れるが，本文中で解説されているので理解の妨げにはならず，高校生が興味を感じる内容が比較的平易な表現で綴られていて，良問であると言えよう。

エミコ：ねえウンス，「ショム」ってなんのこと？
ウンス：「ショム？」それどこで見たの？
エミコ：インターネットをやってたらそんな言葉が出て来たの。
テギュ：ああ，それはチャットをする時に「シホム（試験）」を縮めてそう言うんだよ。
エミコ：「シホム」を縮めて「ショム」ですって？（　A　）
テギュ：チャットをしている時に相手の言葉に即座に返事をしようとしてできた言葉なんだよ。チャットではスピードが一番重要だからね。
エミコ：辞書にも出てないし……。（　B　）「カンチュ」，「カンチュ」って何？
テギュ：それは「カンニョク　チュチョン（強力推薦）」を縮めた言葉さ。映画や本のようなものがすごく面白い時に，一度見るように強く薦めるっていう意味さ。
エミコ：すごく難しいわ。どうしてそんな難しい言葉を使うの？
テギュ：難しくなんかないさ。単に縮めただけなのに。「ナムジャチング（男友達）」は「ナムチン」，「チュルゴウン　チェッティング（楽しいチャット）」は「チュルティン」，面白いじゃないか。
ウンス：　38　最近のチャット用語は僕の目から見てもやりすぎだよ。
テギュ：でも自分たちしか分からない表現を使えば何かもっと親しくなるような気がしていいじゃないか。
エミコ：じゃあ私みたいな外国人はどうすればいいの？
ウンス：そら見ろ。テギュが言ってる「俺たち」に入れない人は疎外感を感じてるかもしれないぞ。
テギュ：そういえば　39
ウンス：世代間の意志疎通が難しくなるっていう批判もあるぜ。
テギュ：でもこれが現代の姿じゃないか。生活の楽しさを増してくれもするし，（　C　）。
エミコ：あーあ，私も「仲間」に入るにはチャット用語を習わないといけないのね。

*채팅 : チャット。インターネット上で複数の人の間で行われるリアルタイムの言葉のやり取り
**소외되다 : 疎外される

問1 （ A ）〜（ C ）には，次のイ〜ハのどれが入るか。その組合せとして最も適当なものを，下の①〜⑥のうちから一つ選べ。　37

イ　이런 것도 있더라.
ロ　그러니까 너무 나쁘게만 보지 마.
ハ　난 또 무슨 외국 말인 줄 알았네.

① A：イ　　B：ロ　　C：ハ
② A：イ　　B：ハ　　C：ロ
③ A：ロ　　B：イ　　C：ハ
④ A：ロ　　B：ハ　　C：イ
⑤ A：ハ　　B：イ　　C：ロ
⑥ A：ハ　　B：ロ　　C：イ

問2　38　に入れるのに最も適当なものを，次の①〜④のうちから一つ選べ。

① 글쎄, '즐팅'은 그런 뜻이 아니야.
② 그래, 그런 말을 쓰면 더 친해지고 좋지.
③ 야, 재미있겠네. 나도 한번 해 볼까?
④ 뭐, 자기네들끼리만 알면 되는 거야?

問1　| 37 |　正解⑤　配点4点

対話文全体の流れをつかんで3か所の空所を埋める問題である。Aには意味が分からない場面で用いる言葉が，Bには例を追加する場面で用いる言葉が，Cには反論する場面で用いる言葉が入るらしいと予想できる。選択肢を見ると，「イ．こんなのもあったわ，ロ．悪い面だけを考えるな，ハ．私は外国語か何かかと思ったわ」であるから，ハ―イ―ロの順に並べることができ，⑤が正解となる。

問2　| 38 |　正解④　配点4点

チャット用語が面白いという意見に対して「やり過ぎだ」と反駁している場面に入ることばを選べばよい。選択肢は「①でも，チュルティングはそんな意味じゃないよ。②そうだよ。そんな言葉を使えばより親しくなるからいいよね。③へえ，面白そうだね。僕も一度やってみようかな。④じゃあ，自分たちだけが分かればいいっていうの？」である。①は文脈に合わない。②と③は賛成しているので不適当。反対の意味を含む④が正解である。

問 3   39   に入れるのに最も適当なものを，次の①〜④のうちから一つ選べ。

① 그냥 채팅을 재미있게 해 보자는 것이기는 하지
② 잘 모르는 사람들은 소외감을 느낄 수도 있지
③ 그게 소외라면 우리 모두가 소외당하고 있는 셈이지
④ 그저 다 같이 어울리자는 것일 뿐이지

問 4 本文の内容と一致するものを，次の①〜④のうちから一つ選べ。 40

① チャット用語の利便性や世代を越えた普遍性を評価しているテギュは，エミコにその利点を理解させようと説得を試みている。
② チャット用語に疎いと仲間外れになりかねないと考えたエミコは，ウンスからチャット用語を習おうとしている。
③ テギュは，チャットで使う言葉がはらむ問題を認識しつつも，チャット用語の肯定的な側面を主張せずにはいられない。
④ ウンスは，チャット用語の行き過ぎた簡略化による意思の疎通の阻害に警鐘を鳴らし，自らも使用を控えている。

問3　　39　　正解②　配点4点
「そういえば」という出だしの言葉から，相手の意見をある程度受け入れようとする態度を示していることが容易に予想できる。選択肢は「①単にチャットを楽しくしようっていうものなんだよ。②よく知らない人は疎外感を感じることもありうるね。③それが疎外というのなら僕たち全員が疎外されていることになるぜ。④単にみんな仲良くしようとしてるだけだよ。」である。①③④は自分の意見を弁護しているので，②が正解。

問4　　40　　正解③　配点4点
本文の内容が把握できているか否かを問う問題。①は「世代を超えた普遍性を評価する」と発言をしている人はいないので不可。②はエミコはやむを得ず習おうかと考えたのであり，「積極的に習おう」としていないので不可。④は「使用を控え」ているわけではないので不可。従って③が正解。

第 4 問 次の文章を読み，下の問い(問 1 〜 5)に答えよ。(配点 24)

　　나는 도쿄에서 기차로 여덟 시간이나 걸리는 작은 마을에서 어린 시절을 보냈다. 우리 집 앞에는 기찻길이 있었는데 기찻길 너머로 멀리 산기슭에 하얀 초등학교 건물이 보였다.

　　입학식 날의 기억은 지금도 생생하다. 나는 어머니와 함께 좁고 긴 논길을 지나 가파른 언덕을 넘어 학교까지 걸어갔다. 어린 나에게는 학교 가는 길이 여간 힘든 게 아니었지만 어머니 손을 잡고 걸어가니 마치 소풍 가는 것 같은 기분마저 들었다. 그런데 학교에 도착하자마자 어머니께서 "내일부터 엄마는 같이 못 와. 알았지?"라고 말씀하셨다. 나는 갑자기 불안해져서 어머니 허리에 꽉 매달렸다.

　　3, 4 학년쯤 되자 친구들도 많이 생기고 그렇게 멀게만 느껴졌던 학교 가는 길도 우리들의 놀이터가 되었다. 그러던 어느 가을날, 추수가* 끝난 논에서 친구들과 숨바꼭질도 하고 잠자리도 잡으면서 해가 지는 줄도 모르고 놀다가 늦게 집에 돌아오게 되었다. 어머니께서는 집 앞에서 걱정스러운 얼굴로 나를 기다리고 계셨다. (　A　) 나를 보시자마자 "지금 몇 신 줄 아니? 빨리 들어가서 밥 먹어라." 하시며 화를 내셨다. (　B　) 나는 잘못했다는 말은커녕 오히려 "엄마가 만든 건 맛없으니까 안 먹을 거야!"라고 마음에도 없는 말을 해 버렸다. ㊷'아차' 하는 생각에 어머니 표정을 살폈는데 어머니께서는 웬일인지 아무 말씀도 안 하셨다.

　　다음 날에도 학교가 끝나고 친구들과 함께 논길에서 놀았다. 해 질 무렵이 다 돼서 오늘은 빨리 집에 가야겠다고 생각했지만 한편으로는 어쩐지 집에 가기 싫은 마음도 들었다. 그래서 나는 다른 동네에 사는 친구에게 "㊸너희 집에 놀러 가도 돼?"라고 물었다. 나는 그 때까지 그쪽 길로 가 본 적이 한 번도 없었다.

　　친구를 따라 좁은 산길을 걷는 것은 어딘지 모르게 모험 같아 처음에는 재미있었지만 집에서 멀어지면서 점점 무서워지기 시작했다. 얼마를 걸어갔을까. 주위는 캄캄해졌는데 집은 한 채도 없고 멀리 희미한 불빛이 몇 개 보일 뿐이었다. 나는 무서움과 불안감을 견디지 못해 친구에게 "나 그냥 집에 갈

第4問

長文の読解力を問う問題であり，内容は筆者の幼年時代の思い出をつづったエッセイである。

日本語訳

　私は東京から列車で8時間もかかる小さな村で幼年時代を過ごした。我が家の前には線路があり，その線路越しに，遠く山の麓に白い小学校の建物が見えた。

　入学式の日の記憶は，今でも鮮明だ。私は母と共に，狭くて長い畔道を過ぎ，険しい丘を越えて学校まで歩いて行った。幼い私には学校までの道のりはとても大変だったが，母と手をつないで歩いていると，まるで遠足にでも行く気分になった。ところが学校に着いた途端，母は「明日からお母さんは一緒に来ないわよ。いいわね？」と言うのであった。私は突然不安になって母の腰にぎゅっとしがみついた。

　3～4年生ごろになると友達も増え，あれほど長く思えた学校への道のりも，友達との遊び場へと変わった。そんなある秋の日，収穫が済んだ田んぼで，友達とかくれんぼをしたりトンボ捕りをしたりしながら，陽が暮れるのも忘れて遊び，家に帰るのが遅くなったことがあった。母は家の前で心配そうな顔をしながら私を待っていた。（　A　）私の顔を見た途端，「今何時だと思ってるの？早く家に入ってご飯を食べなさい。」と怒った。（　B　）私は謝るどころか，むしろ「母さんが作ったご飯はまずいから食べない。」と心にもないことを言ってしまった。(42)「しまった！」と思って母の表情を見ると，母はなぜか何も言わなかった。

　次の日も学校が終わると友達と一緒に畔道で遊んだ。陽が暮れるころになって，今日は早く家に帰らなければと思ったが，反面，家に帰りたくないという気持ちもあった。それで私は他の村に住む友達に「君の家に遊びに行ってもいい？」と聞いた。私は，そのときまでそちらの道に行ったことは一度もなかった。

　友達について狭い山道を歩くのは，どこかしら冒険のようで最初は楽しかったが，家から遠くなるにつれ徐々に怖くなり始めた。どれ程歩いただろうか？辺りは暗くなり，家は一軒もなく，遠くほのかに家の明かりがいくつか見えるだけだった。私は怖さと不安に耐え切れず，友達に「僕，やっぱり家に帰る。また明日ね。」と言って家に向かって走り始めた。走りながら昨日母に言った言葉がしきりに思い出された。家の近くまで来て村の子供たちの姿が見えると，ほっとして涙があふれ出た。しかし，友達に泣いている顔を見せたくなかったので，知らないふりして逃げるように早足で駆けた。

　家に入ると母が台所でせわしく夕食の準備をしていた。私は台所に飛び込んで，母の背中に顔をうずめた。「今日はお前が好きなカレーライスだよ。」と言う母の言葉

래. 내일 보자." 하고는 집을 향해 뛰기 시작했다. 달리는 동안 어제 어머니께 한 말이 자꾸 생각났다. 집 근처에 다 와서 동네 친구들의 모습이 보이자 마음이 놓여 눈물이 쏟아졌다. 하지만 친구들에게 우는 얼굴을 보이기가 싫어서 못 본 척하고 도망치듯이 빨리 달렸다.

집에 들어서니 어머니께서는 부엌에서 바쁘게 저녁 준비를 하고 계셨다. 나는 부엌으로 뛰어 들어가 어머니 등에 얼굴을 묻었다. "오늘은 네가 좋아하는 카레라이스야." 하시는 어머니 말씀에 나는 마음속으로 '㊹그런 게 아니었는데 미안해요, 엄마……' 하면서 따뜻한 어머니 등에 힘껏 얼굴을 비벼 댔다.

*추수: 秋の刈り入れ

問1 （ A ）・（ B ）に入れる組合せとして最も適当なものを、次の①〜④のうちから一つ選べ。 41

① A: 그리고　　B: 그런데
② A: 그리고　　B: 그러더니
③ A: 그래서　　B: 그런데
④ A: 그래서　　B: 그러더니

問2 下線部㊹のように思った理由として最も適当なものを、次の①〜④のうちから一つ選べ。 42

① 母の剣幕に押されて、心にもなく謝罪の言葉を口にしてしまったから
② 友達の家の近所で遊んでいて遅くなったと、口から出まかせを言ってしまったから
③ 母に叱られてとっさに口をついて出てきた言葉が、本心とは異なるものだったから
④ 母にお遣いを頼まれていたことを、きれいさっぱり忘れて帰ってきてしまったから

に私は心の中で「(44)そんなつもりで言ったんじゃないんだ。ごめんなさい，母さん。」と言いながら，暖かい母の背中に思い切り顔をこすりつけた。

問1　　41　　正解①　配点4点
空欄に入る接続語句を選ぶ問題である。Aの選択肢には「그리고（そして）」か「그래서（だから）」のいずれかが，Bの選択肢には「그런데（ところが）」か「그러더니（そうしたところ）」のいずれかが入るが，文意に合うのは①の組合せだけとなる。文脈を正しく理解しているか否かを問う良問であった。

問2　　42　　正解③　配点4点
下線部の理由を選ぶ問題である。文章全体から筆者の心情を読み取る必要がある。「しまった」と思ったのは，その直前にあるように「心にもないことを言ってしまった」からであり，③が正解であることはすぐにわかるであろう。

問3 下線部㊸のように尋ねた理由として最も適当なものを，次の①～④のうちから一つ選べ。　43

① 家に早く帰ったらまた母に叱られるかもしれないと思ったから
② 友達の家の近所に冒険心をくすぐる遊び場があったから
③ 昨日の出来事のせいで何となく家に帰りづらい気分だったから
④ 晩ご飯の時間まで十分に遊べる時間があったから

問4 下線部㊹の日本語訳として最も適当なものを，次の①～④のうちから一つ選べ。　44

① そんなつもりではなかったのに
② そんなものではなかったのに
③ そんなはずではなかったのに
④ そうするべきではなかったのに

問5 本文の内容と一致するものを，次の①～⑥のうちから二つ選べ。ただし，解答の順序は問わない。　45 ・ 46

① 私は入学式の日に母と一緒に学校に行くとき，そよ風が心地よかったことを覚えている。
② 刈り入れ後の田んぼで遊んでいてかなり遅く帰った日，母はなぜか何も言わなかった。
③ 私は母がやきもきしているのも知らず，暗くなるまで友達とかくれんぼをしたりしていた。
④ 私は友達に泣き顔を見られることが恥ずかしくて，無理に笑いながら駆け抜けた。
⑤ 私は母がわざわざカレーライスを作ってくれたことを知り，うれしくて母の背に顔をうずめた。
⑥ 私は母に口答えしたことを後悔しながらも，自分の気持ちを素直に表現できなかった。

問3 　43　　　正解③　配点4点
下線部の理由を選ぶ問題である。理由は直前の文に述べられているように「なんとなく」であり，特別な理由があったわけではない。従って③が正解。

問4 　44　　　正解①　配点4点
指示詞の内容を文脈に沿って正確に把握できているか否かを問う問題である。下線部 그런 게 を直訳してしまうと誤答の③「そんなもの」を選んでしまうので注意したい。前日に筆者が発した言葉の意図を母が誤解してカレーライスを作ってくれたことが読み解ければ，①が正解であることがわかるであろう。

問5 　45　・　46　　　正解③⑥　配点各4点
本文の内容に対する理解度を問う問題である。①は「そよ風」という言葉が本文に現れないので間違い。②は「今何時だと思ってるの？」と母が言ったので間違い。③は「母がやきもきしている」という言葉が本文には現れないが家の前で心配そうな顔で立っていたとあるので正解の可能性が高い。④は「無理に笑った」とは書かれていないので間違い。⑤は「うれしい」と書かれていないので間違い。⑥は本文で繰り返し問われている筆者の心情を示す部分であり，正解。従って正解の可能性が高いとして保留しておいた③と⑥が正解である。

第5問 次の文章を読み，下の問い(問1〜5)に答えよ。(配点 24)

　과학과 기술의 발달이 있었기에 오늘날과 같은 편리하고 쾌적한 생활이 가능하게 되었다. 그와 동시에 과학 기술의 발달이 환경 파괴와 심각한 윤리적 문제를 불러일으킬 수도 있다는 부정적인 견해가 존재하는 것도 사실이다. 그렇다면 과학 연구의 의의는 어디에서 찾아야 할 것인가?

　과학 연구의 중요성을 주장하기 위해서 과학의 경제적 효과를 강조하는 경우가 있다. 즉 우리 사회의 경제적 토대를 확보하고 유지하기 위해서는 과학 분야의 연구 개발이 활발해져야 하며, 그러기 위해서는 과학의 경제적 효과에 대한 사회적 합의를 이루어 낼 필요가 있다는 것이다.

　물론 과학 기술의 발달과 경제의 발전이 밀접하게 관련되어 있는 것은 사실이다. 그러나 과학이 갖는 경제 발전의 도구라는 측면만을 지나치게 강조하다 보면 ㊼몇 가지 심각한 문제에 부딪힐 수 있다.

　우선 과학의 본질을 가려 버리게 된다. 과학은 자연의 원리를 체계적으로 이해하기 위한 노력이며, 경제적 효과는 그러한 노력으로부터 얻어지는 아주 작은 부분에 불과하다. (A) 과학의 경제적 효과만을 강조하는 것은 앞뒤가 바뀐 것으로, 자칫하면 과학의 가치를 떨어뜨리는 결과를 가져올 수 있다.

　다음으로 과학의 진정한 발전을 방해하는 원인이 될 수 있다. 경제성만을 따지는 분위기에서는 연구 결과가 반드시 경제적 효과를 낳아야 한다는 부담감이 생기기 마련이며, 이로 인해 과학자들이 창조적인 연구를 수행하기가 어려워질 수 있다. 이러한 우려는 이미 우리 사회에서 현실로 나타나고 있다. 경제적인 이익 추구와 관계없이 연구자가 연구에 몰두할 수 있어야 할 대학의 연구소가 경제적인 효과를 가져올 수 있는 연구에만 치우치게 됨으로써 ⬚49⬚ 이 지금의 현실이다.

　뿐만 아니라 과학에 대한 신뢰감이 상실될 우려마저 있다. 경제적 가치를 따지는 분위기에서는 자신의 연구 결과를 경제적 측면과 관련시켜 실제 이상으로 부풀리거나 심지어는 연구 결과를 거짓으로 지어내는 경우까지 나오게 된다. 이런 일이 거듭되면 결국 과학에 대한 사회적 신뢰감 자체가 땅

第5問

> 長文の読解力を問う問題である。科学技術の研究の意義と経済効果とを論じる論説文であり,漢字語が多いのが文体的特徴である。普段から漢字語の学習を地道に続けている学習者にとっては有利に働いた問題であろう。

日本語訳

　科学と技術が発達したおかげで,今日のような便利で快適な生活が可能になった。それと同時に,科学技術の発達が環境破壊と深刻なモラルハザードを引き起こす可能性もあるといった否定的な見解があるのも事実だ。だとすれば,科学研究の意義はどこに見いだすことができるのだろうか。

　科学研究の重要性を主張するために,科学の経済的効果を強調する主張がある。すなわち,現代社会の経済的基盤を確保し,維持するためには,科学分野の研究開発が活発にならなければならず,そのためには科学の経済的効果に対する社会的な合意を形成する必要があるというものである。

　もちろん,科学技術の発達と経済の発展が密接に関連しているのは事実である。しかし,科学が持っている経済発展の道具という側面だけを強調しすぎると,(47)いくつかの深刻な問題にぶち当たってしまう。

　まず,科学の本質を覆い隠してしまうことだ。科学は自然の原理を体系的に理解するための努力であり,経済的効果はそのような努力から得られる非常に小さな部分にすぎない。(A)科学の経済的効果だけを強調するのは,本末転倒であり,ともすれば科学の価値を貶める結果をもたらすことにもつながりかねない。

　次に,科学の真の発展を妨げる原因にもなり得る。経済性だけを考えるような雰囲気では,研究結果が必ず経済的効果を生まなければならないというプレッシャーが生じる。これによって科学者たちが創造的な研究を遂行しづらくなってしまうこともある。こういった憂慮は,既に現代社会で現実に現れてきている。経済的な利益追求と無関係に研究者が研究に没頭すべきはずの大学の研究所が,経済的な効果をもたらしうる研究にのみ偏ることによって, 49 が昨今の現実である。

　のみならず,科学に対する信頼感が失われる憂慮すらある。経済的価値を重要視する雰囲気の下では,自身の研究結果を経済的側面と関連させ,実際以上に膨らませたり,はなはだしくは研究結果を捏造したりする場合まで現れるようになった。このようなことが重なると,結局科学に対する社会的信頼自体が地に落ちてしまうだろう。

에 떨어지게 될 것이다.

（ B ） 경제적인 이유만을 내세운다면 오히려 그로 인해 과학의 효율적이지 못한 측면이 두드러질 수도 있다. 경제적인 이익을 추구하기 위한 수단이라는 점에서 본다면 ㊿과학이 반드시 효율적이라고 할 수만은 없는 경우가 있기 때문이다. 특히 첨단* 기술 분야에서는 투자되는 비용이 갈수록 방대해지는 데 비해 이에 맞먹는 경제적인 결실이 늘 보장되는 것은 아니다.

따라서 과학 연구의 의의를 경제적 효과에서만 찾으려고 할 것이 아니라, 자연의 원리의 해명이라는 과학의 본질을 되새기고 진정한 과학의 발전을 위해 노력해야 할 것이다.

*첨단 : 先端

問1　下線部㊼の内容として**適当でないもの**はどれか。次の**①**〜**④**のうちから一つ選べ。　47

①　研究結果のねつ造を招き，ひいては科学に対する信頼が損なわれるおそれがある。
②　地球規模の環境破壊をもたらすという，科学に対する批判的な見方が一層広がりかねない。
③　自然の成り立ちを解明しようという，科学研究の本来の意味が見失われかねない。
④　科学者たちが創造的な研究に消極的になり，科学の発展に支障を来すおそれがある。

問2　（ A ）・（ B ）に入れる組合せとして最も適当なものを，次の**①**〜**④**のうちから一つ選べ。　48

①　A : 그렇다고　B : 그러나
②　A : 그렇다고　B : 그리고
③　A : 따라서　　B : 그러나
④　A : 따라서　　B : 그리고

（　B　）経済的な理由だけを強調すると，むしろそれによって科学の非効率的な側面が表面化してしまうこともある。経済的な利益を追求するための手段という点から見るならば，(50)科学は必ずしも効率的であるとは言い切れない場合もあるからだ。特に先端技術分野では投資される額が増え続けているのに比して，これに見合う経済的な成果がいつも保障されているわけではない。

　したがって，科学研究の意義を経済的効果にのみ求めるのではなく，自然の原理の解明という科学の本質に立ち返りつつ，真の意味での科学の発展のために努力しなければならない。

問1　　47　　正解②　配点4点
「いくつかの深刻な問題」として本文で言及されていないものを選ぶ問題である。①は「のみならず」で始まる段落で述べられている。③は「まず」で始まる段落で述べられている。④は「次に」で始まる段落で述べられている。従ってどこにも述べられていない②が正解である。

問2　　48　　正解④　配点4点
本文の（　A　），（　B　）に入れるべき接続語句を問う問題。Aには「だからといって」または「したがって」のいずれかが，Bには「しかし，そして」のいずれかが入る。Aの前後では内容が論理的に順接でつながっているので「したがって」が，Bの前後では悪影響の例を述べ立てているので「そして」が入る。したがって④が正解。

問3　49　に入れるものとして最も適当なものを，次の①〜④のうちから一つ選べ。

① 일반 기업의 연구소와 별 차이가 없어지고 있는 것
② 창조적인 연구를 해야 된다는 부담을 갖게 되는 것
③ 연구 개발에 필요한 최소한의 인재를 배출하게 되는 것
④ 우리 사회의 경제적인 토대가 흔들리고 있는 것

問4　下線部㊿のように言える理由として最も適当なものを，次の①〜④のうちから一つ選べ。　50

① 研究所の統廃合により研究予算を縮小しなければならないため
② 研究の効率を上げるためには設備投資を進める必要があるため
③ 投資した額に見合う利益が常に約束されているわけではないため
④ 先端的な研究を担う研究者の育成には多くの時間がかかるため

問3　49　正解①　配点4点

文中に入る語句を選ぶ問題である。選択肢は「①一般企業の研究所とほとんど違いがなくなりつつあること，②創造的な研究をしなければならないというプレッシャーを持つに至ること，③研究開発に必要な最小限の人材を輩出するようになること，④現代社会の経済的基盤が揺らぎつつあること」である。この段落では大学における研究すら経済的な効果をもたらす研究に傾いている現実を述べており，①が正解。

問4　50　正解③　配点4点

下線部のすぐ次に述べられている文が理由になっていることが分かれば正解を選ぶのは容易であろう。①②④は本文で述べられていないので③が正解。

問 5 本文の内容と一致するものを，次の①〜⑥のうちから二つ選べ。ただし，解答の順序は問わない。51 ・ 52

① 高度に情報化された現代社会が科学技術の発達をその存在根拠としていることは，疑いようのない事実である。
② 科学技術の経済的な効果を強調しすぎると，科学者自らの経済的負担が膨らみ，研究の沈滞を招きかねない。
③ 科学技術を発達させるためには，科学教育の必要性に対する社会的な合意を引き出すことが必要不可欠である。
④ 科学研究は自然の原理を体系的に理解するためのものであり，その結果として経済的な効果も生まれうる。
⑤ 現代科学に対する否定的なイメージを払しょくするためには，他の学問分野と協力し，倫理的な問題を解決する必要がある。
⑥ 科学の重要性を経済的な効果のみに求めるならば，科学研究は非経済的な行為でもありうるという矛盾に直面する。

問5　51 ・ 52 　　正解④⑥　配点各4点

本文の内容に対する理解度を問う問題である。本文は，科学の発達と経済発展の関連は否定できないものの，科学研究が経済性を重要視しすぎれば弊害が生じると述べ，科学研究の本質を見失ってはならないと主張している。起承転結が明確なので正解を選ぶのは難しくないと思う。①については，「高度な情報化社会」とは書かれていないので間違い。②については，「科学者自身の経済的負担」とは書かれていないので間違い。③については，「科学教育に対する社会的合意」には言及されてていないので間違い。④については本文の内容と一致する。⑤については「他の学問分野との協力」及び「倫理的な問題の解決」の部分が間違い。⑥は本文の内容と一致する。従って④と⑥が正解である。

韓国語 （200点満点）

問題番号(配点)	設問		解答番号	正解	配点	問題番号(配点)	設問		解答番号	正解	配点
第1問 (32)	A	1	1	4	4	第3問 (40)	A		29	7	2
		2	2	2	4				30	3	2
	B	1	3	3	4				31	6	2
		2	4	3	4		B	1	32	1	3
		3	5	2	4			2	33	4	3
	C	1	6	5	4			3	34	2	4
		2	7	1	4			4	35	4	4
		3	8	5	4		C		36	1	4
第2問 (80)	A	1	9	1	4		D	1	37	5	4
		2	10	3	4			2	38	4	4
	B	1	11	4	4			3	39	2	4
		2	12	1	4			4	40	3	4
	C	1	13	4	4	第4問 (24)		1	41	1	4
		2	14	2	4			2	42	3	4
		3	15	3	4			3	43	3	4
		4	16	2	4			4	44	1	4
		5	17	4	4			5	45−46	3−6	8 (各4)
		6	18	3	4	第5問 (24)		1	47	2	4
		7	19	1	4			2	48	4	4
		8	20	1	4			3	49	1	4
	D	1	21	4	4			4	50	3	4
		2	22	3	4			5	51−52	4−6	8 (各4)
	E	1	23	1	4						
		2	24	2	4						
		3	25	1	4						
		4	26	2	4						
	F	1	27	2	4						
		2	28	3	4						

（注）−（ハイフン）でつながれた正解は，順序を問わない。

平成23年度大学入試センター試験

韓　国　語

問題と正解・解説

韓 国 語

（解答番号 １ ～ ５０ ）

第１問 次の問い（Ａ～Ｃ）に答えよ。（配点 ３２）

Ａ 次の問い（**問１**・**問２**）において，下線部の発音が他と**異なる**ものを，それぞれ下の①～④のうちから一つずつ選べ。

問１ ☐１

① 오늘은 17 과부터 시작하겠습니다.
② 화요일과 금요일에 한국어를 배워요.
③ 누나는 생활미술과 2 학년입니다.
④ 뜻밖에 좋은 결과가 나왔다.

問２ ☐２

① 헌법은 언론의 자유를 보장하고 있다.
② 검색하는 방법 좀 가르쳐 주세요.
③ 형은 사법 시험 준비 중이에요.
④ 그 사람은 영어를 제법 잘한다.

第1問

第1問全体の問題数は平成２２年度と同じであるが，出題傾向は，問題の文（語）がなくなっている。すべての選択肢の文（語）に関する知識がないと解けない形式になっていることから，難易度が上がったと言える。

> Aは発音問題である。韓国語は表音文字であるハングルを使用する言語であるとはいうものの，複雑な音変化を呈するので正確な知識を身につけておくことが要求される。第1問Aを解く上で必要とされる知識は，有声音化と濃音化であるが，合成語における濃音化や個々の単語に対する正確な知識が必要な問題である。

問１　　１　　正解③　配点４点

通常の有声音化で考えると，すべて有声音化が起こりそうであるが，③のように「学科」のことを表す「科」は例外的に濃音に発音する。「生活美術(学)科」という意味なので，[ʔkwa]と発音する。「学科」と共に，「眼科(안과)」や「内科(내과)」などのような専門科を表す「科」も例外的に濃音と発音するので覚えておく必要がある。日本語訳は「①今日は１７課から始めます。②火曜日と金曜日に韓国語を学びます。③姉は生活美術学科の２年生です。④予想外のいい結果が出た。」である。

問２　　２　　正解①　配点４点

漢字語における濃音化を問う問題である。④「제법（なかなか）」は有声音化の条件を満たしている固有語である。①〜③は漢字語であり，それぞれ「憲法」，「方法」，「司法」である。合成語における接尾辞「－法」は普通は濃音に発音されるが，「方法」や「司法」は通常通り有声音化して[paŋbɔp]，[sabɔp]と発音される。日本語訳は「①憲法は言論の自由を保障している。②検索する方法を教えてください。③兄は司法試験の準備中です。④あの人は英語がなかなかうまい。」である。

B 次の問い(問1〜3)において，下線部のハングル表記が正しくないものを，それぞれ下の①〜④のうちから一つずつ選べ。

問1 3

① 물에다가 얼음 좀 많이 넣어 주세요.
② 이곳은 물의 흐름이 빠르다.
③ 오후가 되니까 졸음이 밀려 오네.
④ 노란 선에서 한 거름 물러서 주세요.

問2 4

① 갑자기 차가 와서 옆으로 비켰다.
② 엽서에 190원짜리 우표를 부치세요.
③ 그는 회사 내에서 지위를 단단히 굳혔다.
④ 눈 때문에 길이 막혀서 혼났어요.

問3 5

① 이따가 다시 와 주시겠어요?
② 남은 걸 모조리 가져왔다.
③ 그는 빙그시 웃어 보였다.
④ 고기만 먹지 말고 골고루 먹어요.

> Bはつづりを問う問題である。韓国語には連音化があるので，同じ発音であっても理論的に2通りのつづりの可能性がある。例えば[tari]のつづりとして「다리（脚，橋）」と「달이（月が）」とがあり得る。単語の音だけではなくつづりと一緒に覚えないとその単語のさまざまな文法的な形の発音がほとんど間違ってしまうので，ぜひつづりと一緒に覚えたいものである。

問1　3　正解④　配点4点

選択肢の日本語訳は，「①水に氷をたくさん入れてください。②ここは水の流れが速い。③午後になると眠気が襲ってくるね。④黄色い線から一歩下がってください。」である。④は「거름（「肥料」という意味の名詞）」ではなく「걸음（歩み，歩）」である。

【補充：転成名詞について】
①～③の下線部の単語や④「걸음」はすべて動詞に接尾辞「-음/ㅁ」が付いて名詞に転成したものである。これらを元の動詞の形に戻すと，「①얼다（凍る），②흐르다（流れる），③졸다（居眠りする），④걷다（歩く）」である。ただし，すべての動詞に対して転成名詞が存在するわけではない。④「거름」は，理論的には「거르다（抜かす）」の転成名詞に見えるが，「거르다（抜かす）」に対する転成名詞はない。

問2　4　正解②　配点4点

選択肢の日本語訳は，「①急に車が来たので横に避けた。②葉書に１９０円の切手を貼ってください。③彼は社内での地位をしっかり固めた。④雪のため道がふさがって大変でした。」である。

下線部の単語を基本形・原形に戻すと，「①비키다（避ける），②부치다（（手紙・物などを）送る），③굳히다（固める），④막히다（ふさがる）」である。文の意味に合わないのは②「부치다（（手紙・物などを）送る）」である。[puʧʰida]の発音で考えられるつづりは「부치다（（手紙・物などを）送る）」と「붙이다（貼りつける）」とがあり，「貼ってください」は「붙이세요」である。

問3　5　正解③　配点4点

問題1，2と違って，語尾や接尾辞のついた単語ではないので，文法的な形からヒントを得ることはできない。個々の単語について完璧な知識が必要である。選択肢の日本語訳は，「①あとで再び来てくださいますか。②余ったものをすべて持ってきた。③彼はにっこりと笑って見せた。④お肉ばかり食べないで偏りなく食べてください。」である。③「にっこり」の正しいつづりは「빙긋이（にっこり）」である。

C 次の問い(問1〜3)において，a〜cは韓国語の単語を漢字で表記したものである。下線部をハングルで表記した場合(例：長　장)の異同について正しく述べたものを，それぞれ下の①〜⑤のうちから一つずつ選べ。なお，(　)内は日本の常用漢字の字体である。

問1　6

  a　浸水(浸水)　　　b　沈没(沈没)　　　c　親密

  ① aとbが同じ　　② aとcが同じ　　③ bとcが同じ
  ④ すべてが同じ　　⑤ すべてが異なる

問2　7

  a　渓谷(渓谷)　　　b　啓蒙(啓蒙)　　　c　恩恵(恩恵)

  ① aとbが同じ　　② aとcが同じ　　③ bとcが同じ
  ④ すべてが同じ　　⑤ すべてが異なる

問3　8

  a　衰退(衰退)　　　b　連鎖(連鎖)　　　c　印刷

  ① aとbが同じ　　② aとcが同じ　　③ bとcが同じ
  ④ すべてが同じ　　⑤ すべてが異なる

Cは例年出題されている漢字音の異同を問う問題である。韓国語における漢字音は原則として1字1音であり，漢字熟語も日本語と共通するものが多いので，漢字音を覚えると語彙が急速に増える。センター試験の出題とは無関係に，基本的な漢字音はぜひとも覚えておきたいものである。

問1　6　　正解①　配点4点

下線部の日本漢字音はaとcが同じであるが，日本語で同じ音を持つ漢字が韓国語でも同じ漢字音を持つとは限らない。それぞれの漢字音はa 침수，b 침몰，c 친밀なので「①aとbが同じ」が正解。

問2　7　　正解①　配点4点

下線部の日本漢字音は全て「ケイ」であるが，日本語で同じ音を持つ漢字が韓国語でも同じ漢字音を持つとは限らない。それぞれの漢字音はa 계곡，b 계몽，c 은혜なので「①aとbが同じ」が正解。

問3　8　　正解③　配点4点

日本漢字音では異なる発音であっても韓国漢字音では同じ発音になるものもある。下線部の日本漢字音はすべて異なるが，韓国漢字音としはa 쇠퇴，b 연쇄，c 인쇄なので「③bとcが同じ」が正解。

　冒頭でも述べたように，漢字音を覚えると語彙が急速に増えるので，教育漢字程度の漢字音は覚えておきたい。その際には，漢字を個々バラバラに暗記するよりも，漢字熟語の形で覚える方が効率的である。

第 2 問 次の問い（A〜F）に答えよ。（配点　80）

A　次の問い（問1・問2）の下線部の単語について，辞書の見出し語の形として正しいものはどれか。それぞれ下の①〜④のうちから一つずつ選べ。

問 1　눈이 부시도록 하늘이 푸르렀다.　| 9 |

　　① 푸르다　　② 푸를다　　③ 풀르다　　④ 푸르러다

問 2　제 이름은 할머니께서 지어 주셨어요.　| 10 |

　　① 지다　　② 지으다　　③ 짛다　　④ 짓다

B　次の問い（問1・問2）において，例にならって単語の形を変えるとき，正しくないものはどれか。それぞれ下の①〜④のうちから一つずつ選べ。

問 1　例　받다 → 받는지

| 11 |

　　① 아니다 → 아닌지　　　　② 길다 → 긴지
　　③ 기뻐하다 → 기뻐하는지　　④ 심심하다 → 심심하는지

問 2　例　받다 → 받으려고

| 12 |

　　① 쏠다 → 쏠려고　　　② 뽑다 → 뽑으려고
　　③ 뜯다 → 뜯으려고　　④ 찾아오다 → 찾아오려고

第 2 問

正確な文法力や語彙力を問う問題である。

> Aは与えられた用言を基本形に戻す問題形式である。この問題を解くために要求される基本知識は変格活用であるが，単語の意味と活用形を正確に知らないと解けない問題である。

問 1 9 正解① 配点 4 点

「目映いほど空が青かった。」러変格を原形に戻す問題。活用形が-렀다なので，理論的には④の可能性もあるが푸르러다という単語は存在しない。なお，러変格は이르다(着く)，누르다・노르다(黄色い)，푸르다(青い)の 4 つしかない。

問 2 10 正解④ 配点 4 点

「私の名前は祖母がつけてくださいました。」ㅅ変格を原形に戻す問題である。理論的には①や②の可能性もあるが，②지으다という単語は存在しない。「名前をつける」は「이름을 짓다」であり，④が正解。

> Bは与えられた用言を活用させる問題であり，正確な語彙力と変則用言，品詞別に異なる活用形の作り方に関する文法力が要求される。

問 1 11 正解④ 配点 4 点

「-하다」用言が動詞であるか形容詞であるかという語彙力，そして動詞と形容詞とで活用形が異なる場合に関する文法力を問う問題である。見出し語「받는지（受け取るか）」は，「받다」の語幹に「-는지（〜（する）のか，〜（する）かどうか）」が付いた形である。「〜（する）のか，〜（する）かどうか」の意味を表す語尾は，動詞や存在詞（-있다/없다で終わる用言）と形容詞や指定詞（-이다/아니다）とで異なる。動詞・存在詞には「-는지」が付き，形容詞・指定詞には「-은지/ㄴ지」が付く。③기뻐하다（喜ぶ）は動詞なので「기뻐하는지（喜ぶか）」となるが，④심심하다（退屈だ）は形容詞なので「심심한지（退屈なのか）」が正しい。

問 2 12 正解③ 配点 4 点

与えられた用言が規則であるか変則であるかを問う問題である。見出し語は「받다（受け取る）→ 받으려고（受け取ろうと，受け取るために）」となっている。②뽑다（抜く）や③뜯다（むしり取る）は，それぞれㅂ語幹，ㄷ語幹であるが規則用言である。したがって，③뜯다は뜰으려고ではなく뜯으려고が正しい。

C　次の問い(問1〜8)の 13 〜 20 に入れるのに最も適当なものを，それぞれ下の①〜④のうちから一つずつ選べ。

問1　동환이는 그런 일이 생긴 후부터 13 을 잡고 열심히 일하게 됐다.

　　① 뜻　　　② 생각　　　③ 정신　　　④ 마음

問2　이 약을 식후 세 14 씩 드세요.

　　① 알　　　② 끼　　　③ 척　　　④ 대

問3　친구들과 쇼핑 15 갔다.

　　① 에　　　② 에서　　　③ 으로　　　④ 을

問4　저는 미화 씨 16 믿겠어요.

　　① 뿐을　　　② 만을　　　③ 만큼을　　　④ 조차를

問5　이 문제는 17 어렵지 않아서 아무도 풀 수 없었다.

　　① 그리　　　② 여간　　　③ 워낙　　　④ 비록

問6　여기 계산은 내가 18 너 먼저 나가 있어.

　　① 해서　　　② 하길래　　　③ 할 테니까　　　④ 하기 때문에

> Cは正確な語彙力と文法力が要求される問題である。ここで言う語彙力とは，同じ意味であっても前後に組み合わさる単語との関係の中で，使われる単語が決まってくるという，いわゆる単語結合に関する知識が必要である。

問1　13　　正解④　配点4点
「ドンファンはそのようなことがあって以来,心を改めて一所懸命働くようになった。」잡다は「掴む，捕まる」の意味があるが，「마음을 잡다」で「心を改める」という意味になる。①志，②考え，③精神はいずれも잡다と組合さない。

問2　14　　正解①　配点4点
「この薬は食後に3錠ずつお飲みください。」錠剤の薬を数える「錠」に当たる韓国語は알である。

問3　15　　正解④　配点4点
「友達と買い物に行った。」日本語の「名詞＋に＋行く」の表現構造における助詞「に」は韓国語の에と対応しない。特に，見出し文の「買い物に行く」は韓国語では「買い物を行く」となることは，初級・中級の段階で学ぶことである。

問4　16　　正解②　配点4点
「私はミファさんだけを信じます。」「～だけ」の意味を考えると，①뿐や②만が該当するように思われる。しかし「～だけ＋を」となると，①뿐は使えない。③は「～ほどを」，④は「～さえを」である。

問5　17　　正解②　配点4点
「この問題は並大抵の難しさではないので誰にも解けなかった。」見出し文の「어렵지 않아서（難しくないので）」だけ見ると，一見①그리（それほど）」が正解に見える。しかし，文末に「解けなかった」とつづくので文全体の意味が成立しない。②여간は否定の語とともに用いられ「並大抵の～ではない」という意味を表す。③워낙は「あまりにも」，④비록は「たとえ（～であっても）」の意味である。

問6　18　　正解③　配点4点
「ここの計算は私がするからあなたは先に出ていて（外で待っていて）。」理由を表す「～するから」の意味に対する日本語としてはすべてに可能性がある。しかし，文末に命令や依頼表現がつづく場合は，「～するつもりだから」のように「話者の意志＋理由」を表す表現でなければならない。

問7 이 지방은 경치도 [19] 음식도 맛있어요.

　① 좋거니와　　② 좋으면　　③ 좋더라도　　④ 좋거나

問8 커피에 설탕을 탔으니까 잘 [20] 드세요.

　① 비벼서　　② 태워서　　③ 저어서　　④ 말아서

D　次の問い(問1・問2)において，下線部の語句と入れ替えたとき，文意が最も近くなるものを，それぞれ下の①〜④のうちから一つずつ選べ。

問1　버스 시간이 바뀐다더군요. [21]

　① 바뀐대요　　　　　② 바뀐다니요
　③ 바뀌는지요　　　　④ 바뀌는데요

問2　사람들 앞에서 그런 말을 하지 말걸. [22]

　① 하지 않았겠지　　　　② 하지 않았을걸요
　③ 하지 않았어야 했는데　④ 하지 않았을 텐데

問7　19　　正解①　配点4点
「この地方は景色も良い上に食べ物もおいしいです。」「-거니와」は「～する上に」という意味を表す接続語尾である。間違いやすいのは，②좋으면（良ければ）である。日本語では「AもすればBもする」のように，「～すれば」が並列の意味を表すことがあるが，韓国語の「-으면/-면」はそのような使い方をしない。なお，③좋더라도は「良いとしても」，④좋거나は選択を表す「良いか（あるいは）」の意味。

問8　20　　正解③　配点4点
「コーヒーに砂糖を入れたので，よくかき混ぜて召し上がってください。」類義語の正確な意味を問う問題である。①비벼서（混ぜて）は液体には使わない。④말아서（混ぜて）は，ご飯や麺など固体の食材をスープなど液状のものに入れて混ぜる場合に使う。

> Dは置き換えの問題である。与えられた文法形式と同じような意味を表す形を選ばせる問題であり，正確な文法力が要求される。問1は引用表現，問2は後悔の表現の置き換えである。

問1　21　　正解①　配点4点
定義文は「バスの時刻が変わるそうなんですね。」選択肢は「①変わるそうです，②変わるということですか，③変わるんでしょうか，④変わるんですが」なので，①が正解である。

問2　22　　正解③　配点4点
定義文は「人々の前でそんなことを言うんじゃなかった。」選択肢は「①言わなかっただろう，②言わなかったと思います，③言うべきではなかったのに，④言わなかっただろうに」なので，③が正解である。

E 次の問い(問1～4)の下線部の日本語に相当する韓国語として最も適当なものを，それぞれ下の①～④のうちから一つずつ選べ。

問1 ここぞとばかりに人々が殺到した。
　　　[23] 사람들이 몰려왔다.

　　① 여기만 해도　　　② 여기다 하고
　　③ 이때만 해도　　　④ 이때다 하고

問2 政府はこの法案を早くも国会に提出する方針だ。
　　정부는 이 법안을 [24] 국회에 제출할 방침이다.

　　① 예상보다 빨리　　② 아무리 빨라도
　　③ 예상보다 늦게　　④ 아무리 늦어도

問3 この事件は両国の関係に影響を及ぼしかねない。
　　이 사건은 양국 관계에 영향을 [25] .

　　① 미칠 리가 없다　　　② 미칠 수가 있다
　　③ 미치기 어려울 것이다　④ 미침에 틀림없다

問4 このドキュメンタリーは見応えがあるよ。
　　이 다큐멘터리는 [26] .

　　① 볼 만해　　　　　② 보는 보람이 있어
　　③ 반응이 있을 거야　④ 쉽지는 않아

> Eは慣用的な表現の意味を問う問題である。慣用的な表現は，その中身を分解して全体の意味を得ることができないので，ひとかたまりの表現に対する知識がないと解けない。

問1　23　　正解④　配点4点

選択肢は「①ここだけでも，②ここだといって，③このときだけでも，④このときだといって」なので，④が正解である。「ここぞとばかりに」を「ここ＋ぞ＋と＋ばかりに」のように分解して「ここ」に当たる「여기」を当てはめても正解にたどり着かない。

問2　24　　正解①　配点4点

選択肢は「①予想より早く，②いくら早くても，③予想より遅れて，④いくら遅れても」なので，①が正解である。

問3　25　　正解②　配点4点

選択肢は「①及ぼすはずがない，②及ぼすことがある，③及ぼしにくいだろう，④及ぼすに違いない」なので，②が正解である。

問4　26　　正解①　配点4点

選択肢は「①見るに値する，②見る甲斐がある，③反応があるだろう，④容易くはない」であり，①か②かで少し迷うかもしれない。しかし，②보람（甲斐）は，何かをして得られる満足感，誇り，自負心のことであるが，①「-을/ㄹ 만하다」はそれをして損しない，後悔しないだけの価値がある，という意味である。したがって①が正解である。

F 次の問い(問1・問2)において，[27]・[28]に入れるのに**適当でない**ものを，それぞれ下の①〜④のうちから一つずつ選べ。

問1　그 영화는 인기가 아주 많으니까 미리 표를 [27] 놓는 게 좋을 거야.

　　① 사　　　② 잘라　　　③ 끊어　　　④ 구해

問2　[28] 보러 갔을 때도 눈이 오고 있었어요.

　　① 점을　　② 시험을　　③ 면접을　　④ 면회를

> Fは置き換えの問題であるが，単純な置き換えではなく「適当でないもの」を選ぶので難易度は高くなる。

問1　27　　正解②　配点4点
「あの映画はとても人気があるので，前もってチケットを□おいたほうがいいと思うよ。」選択肢の日本語訳は「①買って，②切って，③切って，④求めて」であり，②と③が同じ意味である。②자르다と違って，③끊다は표(チケット)と組み合わさると「買う」の意味が生じる。したがって②が正解。

問2　28　　正解④　配点4点
「□見に行ったときも雪が降っていました。」選択肢は「①占いを，②試験を，③面接を，④面会を」であり，日本語で考えると보다と結合するのは①「占いを」くらいである。韓国語では，②「시험을」や③「면접을」も「보다」と結合する。「받다(受ける)」とは結合しない。④「면회를」は「보다」と結合しない。「면회를 하다(面会をする)」または「면회를 가다(面会に行く)」のように用いられる。

第3問　次の問い（**A**・**B**）に答えよ。（配点　40）

A　次の問い（問1～6）の 29 ～ 34 に入れるのに最も適当なものを，それぞれ下の①～④のうちから一つずつ選べ。

問1　A : 어디 안 좋으니?
　　　　B : 29
　　　　A : 멀미가 난 모양이구나.

①　회사에서 문제가 좀 있어서요.
②　천장에서 물이 새더라고요.
③　많이 걸어서 다리가 부었나 봐요.
④　좀 어지럽고 토할 것 같아요.

問2　A : 쟤는 아침부터 웬 난리야. 안 하던 청소를 다 하고.
　　　　B : 30
　　　　A : 그럼 그렇지. 누군 좋겠다.

①　화장실까지 깨끗하게 청소했더라고.
②　방 청소 안 하면 기숙사 쫓겨난대.
③　갑자기 오늘 남자 친구가 놀러 온대.
④　그동안 밀린 청소를 한꺼번에 하나 봐.

問3　A : 어제 늦게까지 일하셨어요?
　　　　B : 31
　　　　A : 그래요? 그래서 늦으셨군요.

①　네, 그래서 아침에 좀 일어나기 힘들었어요.
②　아뇨, 그 정도야 아무것도 아니지요.
③　네, 늦게까지 일했지만 그래도 일찍 일어났어요.
④　아뇨, 작업이 생각보다 빨리 끝났어요.

第3問

会話文を完成させる問題である。慣用的な表現も1，2か所出ているが，全体的に語彙力や文法力があれば文脈を考えて解ける問題になっている。

> Aは語彙力があれば解ける問題である。問4は会話文に出されている慣用句の意味が分からないと解けない問題だが，その他の問題は正確な文法力がなくてもキーワードの単語を知っていれば解けるようになっている。

問1　29　　正解④　配点4点
A：どこか具合悪い？
B：29
A：(乗り物)酔いをしているようだね。

①会社でちょっと問題があってですね。　②天井から水が漏れてたんです。
③たくさん歩いて足が腫れたみたいです。　④ちょっと目眩がして吐き気がします。

問2　30　　正解③　配点4点
A：あの子ったら朝から何の騒ぎなの。珍しく掃除なんかしちゃって。
B：30
A：どうりで。誰かさんはいいなぁ。

①トイレまできれいに掃除したのよ。
②部屋の掃除をしないと寄宿舎から追い出されるんだって。
③いきなり今日彼氏が遊びに来るんだって。
④これまで溜まっていた掃除を一気にするみたい。

最初の1行だけ考えると選択肢すべてに可能性があるが，3行目まで読んで誰かのために掃除をするという意味がわかる。

問3　31　　正解①　配点4点
A：昨日遅くまで仕事していたんですか？
B：31
A：そうですか。それで遅れたんですね。

①ええ，それで朝起きるのがちょっとつらかったです。
②いいえ，その程度じゃどうということはありませんよ。
③はい，遅くまで仕事していたけど，それでも早起きしました。
④いいえ，作業が思ったより速く終わりました。

問 4　A : 오늘따라 박물관 앞에 왜 경찰이 서 있지요?
　　　B : ☐ 32
　　　A : 완전히 소 잃고 외양간 고치는 격이네요.

　　① 오늘부터 열흘간 특별 전시회가 있어요.
　　② 경찰은 아니고 그냥 직원 같은데요.
　　③ 며칠 전에 도둑을 맞아서 그럴 거예요.
　　④ 오늘만 아니라 늘 경찰이 있잖아요.

問 5　A : 자, 이제 서울에 거의 다 왔네요.
　　　B : ☐ 33
　　　A : 그런 말 하는 걸 보니까 지루했나 보네요.

　　① 왠지 오늘은 시간이 많이 걸린 것 같아요.
　　② 우리가 너무 늦게 출발해서 그렇지요.
　　③ 기차가 완전히 선 다음에 내려야 해요.
　　④ 얼마 안 탄 것 같은데 벌써 도착했군요.

問 6　A : 이렇게 산꼭대기에 올라오니까 기분이 어때?
　　　B : ☐ 34
　　　A : 그렇지? 그동안 쌓인 피로도 다 풀리는 것 같고.

　　① 산길이 가팔라서 더 이상 걷지 못하겠어.
　　② 모처럼 맑은 공기를 마시니 날아갈 것 같네.
　　③ 여기서 밑을 내려다보니 좀 겁이 나는데.
　　④ 산에 자주 안 와서 그런지 너무너무 피곤해.

問4　32　　正解③　配点4点
A：今日に限って博物館の前になぜ警察官が立っているのでしょうか？
B：32
A：まったく牛を失くしてから牛馬小屋を直すようなものですね。

選択肢の日本語訳は以下の通りである。
①今日から10日間特別展示会があります。
②警察官ではなく単に職員さんのようですが。
③何日か前に泥棒に入られて盗まれたからだと思います。
④今日だけではなくいつも警察官がいるじゃないですか。

3行目の「牛を失くしてから牛馬小屋を直す」は「泥棒を捕えて縄をなう」という意味のことわざである。

問5　33　　正解①　配点4点
A：さあ，もうソウルにほとんど着きましたよ。
B：33
A：そんなこと言うのをみると退屈だったようですね。

①何だか今日は時間が長くかかったような気がします。
②私たちの出発が遅すぎたからそうなんでしょう。
③汽車が完全に止まってから降りなければなりません。
④そんなに（長い間）乗っていなかったようなのにもう到着ですね。

問6　34　　正解②　配点4点
A：こうやって山頂に登ってみると気分はどう？
B：34
A：そうだろう？今まで溜まっていた疲れも全部とれるようだし。

①山道が（傾斜が）急でこれ以上歩けそうにない。
②せっかくきれいな空気を吸ったら，（身が軽くなって）飛んで行けそう。
③ここから下を見降ろしたらちょっと怖いね。
④山に頻繁に来ないからか疲れきっている。

B 次の会話文を読み、下の問い(問1～4)に答えよ。

민수 : 기말 시험도 끝났으니까 우리 오늘 오랜만에 볼링이나* 칠까?
지호 : 그거 괜찮겠다. 야, 얼마 만이냐? 유미야, 너도 같이 갈 거지?
유미 : 음, 난 볼링 잘 못 치는데……. 다음에 갈게.
지호 : 그러지 말고 같이 한번 가 보자. 그리고 그런 걱정이라면 안 해도 돼. 민수한테 배우면 되잖아. 민수야, 네가 유미 좀 가르쳐 줘라.
유미 :   A
지호 : 유미가 몰랐나 보네. 민수의 볼링 실력은   36 . 실은 나도 민수한테 배웠거든. 내 폼이** 좋다며 누구한테 배웠느냐고 사람들이 물어보기도 해. 하하하.
민수 :   B   아무튼 운동 삼아 같이 가자.
유미 : 그래, 그럼 알았어. 근데 너무 못한다고 흉보지 마.

(볼링을 치고 나서)
지호 : 와, 오랜만에 몸도 풀고 기분 좋은데. 유미야, 함께 오길 잘했지?
유미 : 응, 근데 민수야,   C   언제부터 볼링 쳤니?
민수 : 어렸을 때부터 아버지한테 특별 지도를 받았어. 실은 아버지가 볼링 선수였거든.
유미 : 그랬구나.
지호 : 그런데 너희들 배고프지 않니? 내가 싸고 맛있는 집을 아는데 가 볼래? 김밥이랑 라면이랑 만두 같은 것도 팔거든. 그리고 주인 아주머니가 정이 많으신 분이셔.
유미 : 그래, 그럼 빨리 가자. 나도 볼링 배우느라고 힘을 많이 써서 그런지 너무 배고프다. 라면하고 김밥이 먹고 싶은데.
지호 : 만두랑 튀김이랑 떡볶이도 먹고 싶다.
민수 : 지호야,   37   하여간 음식 욕심은 대단해.

> Ｂは１ページが丸々本文に割かれており，会話力もさることながら文脈を把握する力が要求される。期末試験を終えた大学生３人の会話である。

ミンス：期末試験も終わったんだから，今日久しぶりにボーリングでもしようか？
チホ：それいいね。うわ，久しぶりだなぁ。ユミ，お前も一緒に行くよね？
ユミ：う〜ん。私，ボーリングはあまりできないんだけど…。今度にする。
チホ：そんなこと言わないで一度一緒に行ってみよう。それから，そんな心配ならしなくてもいい。ミンスに習えばいいじゃない。ミンス，お前がユミに教えてあげて。
ユミ：　A　
チホ：ユミが知らないんだね。ミンスのボーリングの実力は 36 。実は俺もミンスから習ったんだ。俺のフォームがいいといって，誰から習ったのかと皆が聞いてくる。ハハハ。
ミンス：　B　とにかく運動がてらに一緒に行こう。
ユミ：そうね。わかった。だけど，下手すぎると悪口言わないでね（バカにしないでね）。

（ボーリングが終わってから）
チホ：や〜。久しぶりに体も解したし気持ちいいね。ユミ，一緒に来て良かったんだろ？
ユミ：うん。で，ミンス，　C　いつからボーリングを始めたの？
ミンス：子供の頃からお父さんから特別指導を受けたんだ。実はお父さんがボーリングの選手だったもので。
ユミ：そうだったんだ。
チホ：ところで，お前たち，お腹すかない？俺，安くておいしい店を知ってるんだけど，行ってみる？のり巻きやラーメン，餃子みたいなものも売ってるんだ。それから，そこのおばさんが温かい方だし。
ユミ：そう？それじゃ早く行こう。私もボーリング習うのに精を出しすぎたからかすごくお腹すいているの。ラーメンとのり巻きが食べたいなぁ。
チホ：餃子や天ぷらやトポッキも食べたい。
ミンス：チホ，　37　とにかく食いしん坊なんだから。

*볼링：ボウリング

**폼：フォーム

問1　A～C には次のア～ウが入る。その順番として最も適当なものを，下の①～⑥のうちから一つ選べ。 35

ア　너 정말 대단하더라.
イ　얘가 그렇게 잘 쳐?
ウ　너무 비행기 태우지 마.

① アーイーウ　　② アーウーイ
③ イーアーウ　　④ イーウーア
⑤ ウーアーイ　　⑥ ウーイーア

問2　 36 に入れるのに適当でないものを，次の①～④のうちから一つ選べ。

① 다 아는 사실이야
② 알 만한 사람은 다 알아
③ 다들 모르는 게 없어
④ 모르는 사람이 없을 정도야

問1　35　　正解④　配点4点
ア　あなた，本当にすごかったね。
イ　この子がそんなに上手なの？
ウ　あまり持ち上げないでよ。

ウの「비행기를 태우다（飛行機に乗せる）」は「持ち上げる（ほめる）」という意味の慣用句である。A～Cにはそれぞれイ－ウ－アが当てはまるので，④が正解。

問2　36　　正解③　配点4点
選択肢はそれぞれ「①皆が知っている事実だ，②知っている人は知っている，③皆は知らないことがない，④知らない人がいないほどだ」である。③の解釈を間違わないようにしたい。「知らないことがない」の主体が「皆」である。つまり「皆は何でも知っている」という意味であるので，③が正解。

問 3 37 に入れるものとして最も適当なものを，次の①〜④のうちから一つ選べ。

① 별로 먹고 싶지 않구나.
② 넌 먹고 싶은 것도 많다.
③ 너 실력 많이 늘었더라.
④ 다음에 또 볼링장에 가자.

問 4 本文の内容と一致するものを，次の①〜④のうちから一つ選べ。 38

① 유미는 친구들하고 오랜만에 볼링을 치게 된 것이 너무 좋아서 어찌할 바를 몰라 했다.
② 지호는 자신의 폼이 좋은 이유를 민수 덕분이라며 유미에게도 가르쳐 주도록 부탁했다.
③ 유미는 예전에 지호에게 볼링을 가르쳐 준 것에 대해 지호로부터 칭찬을 받고 기분이 좋아졌다.
④ 민수는 볼링 선수였던 아버지에게 고등학교 때부터 볼링을 배웠기 때문에 상당한 실력을 지녔다.

問3　　37　　　正解②　配点4点

選択肢はそれぞれ「①あまり食べたくないんだね，②お前は食べたいものも多いんだな，③お前，実力かなり伸びたね，④今度またボーリングに行こう」であり，②が正解。

問4　　38　　　正解②　配点4点

選択肢の日本語訳

① ユミは友達と久しぶりにボーリングをすることになったことがあまりにも嬉しくてどうしたらいいかわからないようだった。
② チホは，自分のフォームがいい理由はミンスのお蔭だといって，ユミにも教えてあげるように頼んだ。
③ ユミは，以前チホにボーリングを教えてあげたことでチホからほめられて嬉しくなった。
④ ミンスはボーリングの選手だったお父さんから高校のときからボーリングを習っているので相当な実力を持っている。

一見④も正解のように見えるが，「高校のときから」ではなく「子供の頃から」なので間違い。

第 4 問 次の文章を読み，下の問い(問 1 〜 5)に答えよ。(配点 24)

　　한국 유학 시절의 이야기다. 유학생과 한국 학생 몇 명이 집 한 채를 빌려서 함께 생활한 적이 있었다. 방은 각자 따로 썼지만 마루와 부엌, 화장실 겸 목욕탕은 공동으로 사용했고 번갈아 식사 당번도 하면서 한 식구처럼 지냈다. 여러 나라 사람이 한집에 모여 살다 보니 재미있는 일도 많았지만 생각하지 못했던 문제 또한 적지 않았다.

　　맨 처음 부딪힌 문제가 식사를 어떻게 할까 하는 것이었다. 시간이 없으니까 아침 식사는 빵으로 하자는 내 제안에 한국 친구들이 반대했다. 아침에는 꼭 밥을 먹어야 하루 생활이 제대로 된다는 것이었다. 하지만 한 사람 한 사람의 생각을 들어 보니 빵이 좋다는 의견이 삼 대 이로 더 많았다. 그래서 일단 빵을 먹어 보기로 했다. 밥을 먹어야 한다고 주장하던 친구들은 처음에는 마지못해 따른다는 태도였는데 차츰 익숙해지는 것 같더니 나중에는 좋아하기까지 했다. 바쁜 아침에 간단하게 준비할 수 있고 막상 먹어 보니 맛도 괜찮다는 것이었다.

　　한번은 이런 일이 있었다. 영국 친구가 목욕탕에 들어갔는데 그 직후에 한국 친구가 방에서 나와 목욕탕 문을 똑똑* 두드렸다. 그러자 영국 친구는 바로 목욕탕에서 나와서 아무 말 없이 자기 방으로 들어갔다. 한국 친구는 목욕탕으로 들어가 샤워를 하기 시작했고 한참 지나서 개운한 표정으로 나왔다. 그걸 본 영국 친구는 목욕탕에 다시 들어갔는데 왠지 기분이 몹시 나빠 보였다. 그 후 두 사람 사이는 어색해졌고 집안 분위기도 썰렁해지고** 말았다.

　　나는 영문을 몰라서 영국 친구한테 　39　 물어보았다. 그 친구 얘기는 이랬다. 영국에서는 화장실을 사용하지 않을 때는 항상 문을 열어 놓는다. 그러니까 문이 닫혀 있으면 안에 사람이 있다는 뜻이다. 따라서 아주 급한 일이 아니면 거의 노크를 하지 않는다. 그런데 그 친구가 노크를 하기에 　40　 그러는 줄 알았다는 것이다. 그래서 샤워를 하려다 말고 서둘러 나왔는데 그 친구는 여유롭게 샤워를 하고 있으니 자기가 화가 날 수밖에 없지 않겠느냐는 것이었다.

第4問

> 長文の読解力を問う問題である。著者の韓国留学時代の話である。素直な文章であり，日常生活に関する話題なので内容が把握しやすかったと思われる。

日本語訳

　韓国留学時代の話である。留学生と韓国の学生何人かで家を一軒借りて，一緒に生活したことがある。各自自分の部屋を使っていたが，居間とキッチン，トイレ兼風呂は共同で使用し，交替で食事当番もしながら家族のように過ごした。いろんな国の人が一つの屋根に暮らしていると，楽しいこともたくさんあったが，思いも寄らない問題も少なくなかった。

　真っ先にぶつかった問題は食事をどうするかということだった。時間がないから朝食はパンにしようという私の提案に韓国人の友達が反対した。朝食は必ずご飯にしないと一日をまともに過ごすことができないということだった。しかし，一人一人の意見を聞いたところ，パンのほうがいいという意見が3対2で多かった。それで，一応パンを食べてみることにした。ご飯を食べるべきと主張していた者は，最初はしぶしぶ応じるという態度だったが，次第に慣れていく様子でついには喜ぶほどだった。忙しい朝の時間に簡単に準備できるし，いざ食べてみると味も悪くなかったということだった。

　いつかこういうことがあった。イギリス人の友達が浴室に入ったが，その直後に韓国人の友達が部屋から出てきて浴室のドアをトントンと叩いた。そうしたら，イギリス人の友達はすぐに浴室から出て何も言わずに自分の部屋へ入って行った。韓国人の友達は浴室に入ってシャワーを始め，しばらく経ってから気持ちよさそうな顔をして出てきた。それを見たイギリス人の友達は再び浴室に入ったが，なぜか非常に気分を害されたように見えた。その後二人の仲はぎこちなくなり，家の中の雰囲気も気まずくなってしまった。

　私は訳がわからず，イギリス人の友達に　39　聞いてみた。その人の話はこうだった。イギリスではトイレを使用しないときは常にドアを開けておく。つまり，ドアが閉まっていれば中に人がいるという意味である。したがって，よほど急用がない限りほとんどノックをしない。ところで，あの人がノックをしたので，　40　そうしたのだと思ったそうである。それでシャワーをしようとするところでやめて急いで出てきたのに，あの人はのんびりとシャワーをしているから自分は腹が立たないわけがないじゃないかということだった。

한국에서는 사람이 없을 때도 화장실 문을 닫아 놓기 때문에 안에 사람이 있는지 없는지 항상 노크를 해서 확인을 해야만 한다. 한국 친구는 그래서 노크를 한 건데 영국 친구는 영국식으로 해석하고 빨리 나왔다. 한편 한국 친구는 상대방이 아무 말 없이 나왔으니 │ 41 │ 줄 알고 마음 놓고 샤워를 했다. 알고 보니 서로의 생활 습관을 잘 몰랐던 데서 비롯된 문제였던 것이다.

나중에 사정을 알게 되어 화해를 했으니 다행이지만 사소한 오해 때문에 사이가 멀어진다는 것은 정말 안타까운 일이다. 좀 기분 나쁜 일이나 이해할 수 없는 일이 생겼을 때 솔직하게 자기 생각을 이야기했더라면 오해를 피할 수 있지 않았을까. 아침 식사를 놓고 열띤 토론을 벌인 결과 서로의 거리를 좁혀 갔던 것처럼 말이다. 서로 다른 문화권에 속한 사람들이 함께 살아가기 위해서는 솔직하고 끊임없는 대화가 필요한 것이다.

*똑똑 : トントン

**썰렁하다 : 気まずい

問 1 │ 39 │ に入れるのに最も適当なものを，次の①〜④のうちから一つ選べ。

① 무슨 뜻인지　　　② 어떻게 해야 하는지
③ 왜 화가 났는지　④ 왜 다시 들어갔는지

問 2 │ 40 │ に入れるのに最も適当なものを，次の①〜④のうちから一つ選べ。

① 화장실이 급해서
② 불이 켜져 있어서
③ 더워서 샤워를 하려고
④ 안에 사람이 있는지 확인하려고

韓国では人がいないときもトイレのドアを閉めておくので，人がいるかいないか常にノックをして確認しなければならない。韓国人の友達はそれでノックをしたわけだが，イギリス人の友達はイギリス式に解釈して急いで出てきた。一方，韓国人の友達は相手が何も言わずに出てきたので　41　のだと思い，シャワーをした。実は互いの生活習慣を知らないことから起こった問題だったのである。

　後から事情がわかり和解をしてよかったのだが，些細な誤解のために仲が疎遠になるということは本当に残念なことである。ちょっと気分を害されることや理解しがたいことが起きたとき，率直に自分の考えを伝えていたら誤解を避けられたのではないだろうか。朝食のことで熱心に討論を繰り広げた結果互いの距離を縮めることができたように。互いに異なる文化圏に属した人々が共に暮らしていくためには率直で絶えない会話が必要なのである。

問1　　39　　正解③　配点4点
選択肢の日本語訳は「①どういう意味なのか，②どうすればいいのか，③なぜ怒っているのか，④どうして再び入ったのか」である。韓国人の行動にイギリス人が怒っているという内容なので，③が正解。

問2　　40　　正解①　配点4点
選択肢の日本語訳は「①トイレが我慢できなくて，②明りがついていたので，③暑かったのでシャワーをするために，④中に人がいるか確認するために」であり，正解は①。

問3　41 に入れるのに最も適当なものを，次の①～④のうちから一つ選べ。

① 이제 화가 다 풀린　　② 볼일을 다 본
③ 어렵게 양보를 해 준　④ 별 볼일이 없는

問4　この家の住人は全部で何人か，次の①～④のうちから一つ選べ。42

①　3人　　②　4人　　③　5人　　④　7人

問5　本文の内容と一致するものを，次の①～⑥のうちから二つ選べ。ただし，解答の順序は問わない。43・44

① この家には日本人，韓国人，アメリカ人，イギリス人が一緒に暮らしていた。
② 朝食に何を食べるかについて意見の違いがあったが，結局みんなパンを食べるようになった。
③ 私は英語がわからなかったので，イギリス人が何を言っているのか理解できなかった。
④ 韓国人がノックをしたのは，トイレに人がいないか確認するためだった。
⑤ 生活習慣の違いによる誤解から，同居人たちの間に越えられない溝が生まれてしまった。
⑥ 私は何とかして文化の違いによる誤解を解こうと二人を一生懸命に説得した。

問3　　41　　　正解②　配点4点
選択肢の日本語訳は「①もう怒りが収まった，②用が済んだ，③無理をして譲ってくれた，④特に用がない」であり，②が正解。

問4　　42　　　正解③　配点4点
朝食が3対2でパンに決まったということから5人だとわかる。

問5　　43 ・ 44　　　正解②④　配点各4点
本文の内容に対する理解度を問う問題である。①については，アメリカ人がいるとは書かれていないので間違い。②については，本文の内容と一致するので正解。③については「筆者がイギリス人に怒った理由を聞いて問題が解決した」と書かれているので間違い。④については「韓国ではトイレに人がいないかノックをして確認しなければならなくて，それで韓国人はノックをした」と書かれているので正解。⑤については「結局誤解が解けて和解した」と書かれているので間違い。⑥については，「二人を説得」ではなく，「イギリス人に聞いて原因がわかった」と書かれているので間違い。

第 5 問　次の文章を読み，下の問い(問 1 ～ 5)に答えよ。(配点　24)

　　소음은* 우리 (A)에 직접적인 해를 끼치는 공해 요인 중의 하나다. 실제로 미국에서는 어린이 100명 중 12명이 소음성 난청을** 겪고 있다는 충격적인 보고가 있다. 또한 소음으로 인한 질병을 앓고 있는 사람이 전 세계적으로 1억 2천만 명을 넘는다고 한다.

　　현대 사회에서 아파트와 같은 공동 주택이 보편화되면서 소음은 이웃 간 갈등의 원인이 되기도 한다. 한편 휴대 전화, 게임기 등 휴대용 전자 제품이 널리 보급되면서 거리에서도 공공 장소에서도 다른 사람 혹은 자기 자신이 만들어 내는 소리에 더 많이 시달리게 되었다. (B)처럼 (C) 감을 수도 없는 일이어서 우리의 귀는 듣지 않아도 될 소리를 듣느라 피곤하고, 들어야 할 소리를 듣기 위해 더욱 애를 써야 하는 처지에 놓였다.

　　우리의 귀를 못살게 구는 대부분의 기기는 과학 기술의 발전 덕분에 나온 것이다. 휴대 전화, 게임기 모두 집어던지고 사람과 문명의 이기가*** 없는 숲 속으로 들어간다면 새들의 아름다운 노래 소리만 들을 수 있을 것이다. 하지만 어차피 도시에서 지하철을 타고, 거리를 걷고, 휴대 전화도 사용해야 한다면 우리의 귀를 편히 쉬게 해 줄 방법 역시 　46　 에서 찾아야 하지 않을까.

　　실제로 과학자들은 각종 전자 제품에서 발생하는 소음을 줄이기 위해 노력하는 한편, 일단 발생한 소음을 사람들이 　47　 하기 위해서도 애써 왔다. 이미 발생한 소음을 어떻게 없앤다는 것인가? 소리의 간섭 현상을 이용해서 소음에 맞서는 또 다른 소음 신호를 만들어 내는 방법을 쓰는 것이다. 소음으로 소음을 덮는다니 더 시끄러워지지 않을까 생각하기 쉽지만 이미 이 기술은 생활 곳곳에서 다양하게 사용되고 있다.

　　예를 들면 엔진에서**** 엄청난 소음이 발생하는 비행기가 이 기술을 이용해 소음을 줄이고, 쾌적한 공간을 추구하는 고급 승용차도 엔진이나 바퀴에서 발생하는 소음을 줄이기 위해 이 기술을 쓴다. 냉장고 등 가정용 전기 제품도 그러하다. 요즘 나오는 냉장고는 확실히 그 이전 것보다 조용하다. 돌아가는 기계 소리가 아주 없지는 않지만 거슬릴 정도로 크진 않다. 그 밖

第5問

> 長文の読解力を問う問題である。科学技術の発達による文明社会の弊害をまた科学技術の進展によって無くすという内容の論説文である。単に韓国語の実力だけではなく，真の読解力が問われる文章と言える。

日本語訳

騒音は私たち（ A ）に直接的な害を及ぼす公害の要因のひとつである。現にアメリカの子供100人のうち12人が騒音性難聴に苦しんでいるという衝撃的な報告がある。また，騒音による疾病を患っている人が全世界で1億2千万人を超えると言う。

現代社会においてマンションのような共同住宅が普及する中で，騒音は近隣トラブルの原因になることもある。一方，携帯電話やゲーム機など携帯用の電子製品が広く普及する中で，街など公共の場所で他人または自分自身が作り出す音により一層悩まされるようになった。（ B ）のように（ C ）閉じることもできないので，我々の耳は聞かなくてもいい音を聞くのに疲れるし，聞くべき音を聞くためにさらに苦労しなければならない境遇におかれている。

我々の耳を煩わしているほとんどの機器は科学技術の発展のお蔭でできたものである。携帯電話やゲーム機などすべてを放り投げて，人間や文明の利器がない森の中へ入っていけば，美しい鳥の囀る音だけ聞くことができるだろう。しかし，どうせ都会で地下鉄に乗り，街を歩き，携帯電話も使用しなければならないなら，我々の耳を休ませてくれる方法もまた　46　から探すべきではなかろうか。

実際，科学者たちは各種の電子製品から発生する騒音を減らすために努力する一方，一旦発生した騒音を人々が　47　するためにも努力してきた。すでに発生した騒音をどう消すというのか？音の干渉現象を利用して騒音に立ち向かう，別の騒音信号を作り出すという方法を使うのである。騒音で騒音を覆うなんてもっと喧しくならないだろうかと考えがちだが，すでにこの技術はさまざまな生活の場で多様に使われている。

例えば，エンジンから大層な騒音が発生する飛行機がこの技術を利用して騒音を減らし，快適な空間を追及する高級乗用車もエンジンや車輪から発生する騒音を減らすためにこの技術を使っている。冷蔵庫など家庭用電気製品もそうである。最近出ている冷蔵庫は確かに以前のものより静かである。機械の回る音がまったくないわけではないが，気に障るほど大きくはない。その他にも道路の工事現場や工場など，騒音発生の多い環境で働く人々のためにも広範囲に使うことができる。

에 도로 공사장, 공장 등 소음 발생이 많은 환경에서 일하는 사람들을 위해서도 광범위하게 사용할 수 있다.

　앞으로 과학과 소리의 만남은 어떤 식으로 펼쳐질까? 어쩌면 듣고 싶지 않은 소리, 들리게 하고 싶지 않은 소리만 골라서 지워 주는 기계가 발명될지도 모른다. 미래에는 교실에서 수업하는 선생님에게 자기들이 떠드는 소리가 들리지 않도록 하는 기계 '모두가 모범생'이나, 남의 코 고는 소리를 알아서 제거해 주는 기계 '고요한 밤'이 나올지도 모르겠다. 과학으로 인해 현대인의 생활은 점점 더 시끄러워지기도, ㊽점점 더 조용해지기도 한다.

　　　*소음 : 騒音
　　**소음성 난청 : 騒音性難聴
　　***이기 : 利器
　　****엔진 : エンジン

問1　(Ａ)～(Ｃ)に入れる組合せとして最も適当なものを，次の①～⑥のうちから一つ選べ。　45

① Ａ：귀　　Ｂ：머리　　Ｃ：귀를
② Ａ：귀　　Ｂ：머리　　Ｃ：눈을
③ Ａ：귀　　Ｂ：눈　　　Ｃ：머리를
④ Ａ：몸　　Ｂ：눈　　　Ｃ：귀를
⑤ Ａ：몸　　Ｂ：눈　　　Ｃ：머리를
⑥ Ａ：몸　　Ｂ：머리　　Ｃ：눈을

今後科学と音の出会いはどのように繰り広げられるだろうか。あるいは聞きたくない音，聞いてもらいたくない音だけを選んで消してくれる機械が発明されるかもしれない。将来には教室で授業を行う先生に自分たちの騒ぐ音が聞こえないようにする機械「皆が模範生」や，人のいびきの音を勝手に消してくれる機械「静けき真夜中」が発明されるかもしれない。科学によって現代人の生活は次第に喧しくもなり，次第により静かにもなる。

問1　　45　　正解④　配点4点

Aについては，韓国語母語話者なら直感的に「몸（体）」を選ぶだろうが，「귀（耳）」であっても不自然な文ではない。手掛かりはCに続く動詞「감다（閉じる）」である。「감다（閉じる）」は「눈을 감다（目を閉じる）」のように使うので，「目のように耳を閉じることもできないので」という意味になればいい。したがって④が正解。

問 2 46 に入れるのに最も適当なものを，次の①～④のうちから一つ選べ。

① 통신 환경　　② 깊은 숲 속
③ 과학 기술　　④ 공공장소

問 3 47 に入れるのに最も適当なものを，次の①～④のうちから一つ選べ。

① 없애도록　　　② 듣기 좋게
③ 즐길 수 있도록　④ 느끼지 못하게

問 4　筆者が下線部㊽のように考えた根拠として本文中にあげられているものを，次の①～④のうちから一つ選べ。 48

① 飛行機の騒音を軽減することができること。
② いびきの治療法の進歩が予想されること。
③ 携帯電話やゲーム機のボリュームが落とせること。
④ 森の中では美しい鳥の声だけを聞くことができること。

問2　　46　　正解③　配点4点

文脈から解ける問題である。選択肢の日本語訳は「①通信環境，②深い森の中，③科学技術，④公共の場所」なので，③が正解。

問3　　47　　正解④　配点4点

選択肢の日本語訳は「①消すように，②聞きやすいように，③楽しむように，④感じないように」である。①の可能性も考えられるかもしれないが，音を消す主体は科学者であり人々ではないので間違いである。したがって④が正解。

問4　　48　　正解①　配点4点

本文の解釈ができれば容易に解ける問題である。④はすべてを放り投げて森の中へ入る場合の話であり，②③は本文で述べられていないので①が正解。

問 5　本文の内容と一致するものを，次の①～⑥のうちから二つ選べ。ただし，解答の順序は問わない。　49　・　50

① 騒音公害は人間に直接的な害を及ぼし，実際に世界の子供の 12 ％は騒音性難聴に苦しんでいるという報告がある。

② 共同住宅が普及した現代社会においては，騒音は隣近所とのトラブルの原因にもなっている。

③ 現代社会では，我々の耳は不必要な音を聞かされる一方，必要な音を聞き取るために苦労させられている。

④ すでに発生した騒音は処理することが難しいため，現段階では騒音の発生を抑制することに重点が置かれている。

⑤ ここで説明されている消音技術は高級自動車で最初に実用化され，最近では飛行機のエンジンにも採用されるようになった。

⑥ 新たに開発された消音技術により，最近の家庭用電気製品，特にクーラーは，機械作動音がほとんど聞こえなくなった。

問5　49・50　　正解②③　配点各4点

本文の内容に対する理解度を問う問題である。本文は，科学技術の発展によって現代人は騒音による健康被害を受けている一方，その解決策もまた科学技術によって見出しているという内容であり，起承転結が明確なので正解を選ぶのは難しくないと思う。①については，「世界の子供」ではなく「アメリカの子供」の話なので間違い。②については第2段落の冒頭部分に書かれている内容と一致する。③については第2段落の最後の部分に書かれている内容と一致する。④については，「騒音の発生を抑制」ではなく「音の干渉現象による消音」のために努力していると書かれているので間違い。⑤については，「最初に実用化されたこと」に関しては書かれていないので間違い。⑥については「特にクーラー，機械作動音」に関しては言及していないので間違い。従って②と③が正解である。

韓　国　語　（200点満点）

問題番号(配点)	設問		解答番号	正解	配点	問題番号(配点)	設問		解答番号	正解	配点
第1問 (32)	A	1	1	3	4	第3問 (40)	A	1	29	4	4
		2	2	1	4			2	30	3	4
	B	1	3	4	4			3	31	1	4
		2	4	2	4			4	32	3	4
		3	5	3	4			5	33	1	4
	C	1	6	1	4			6	34	2	4
		2	7	1	4		B	1	35	4	4
		3	8	3	4			2	36	3	4
第2問 (80)	A	1	9	1	4			3	37	2	4
		2	10	4	4			4	38	2	4
	B	1	11	4	4	第4問 (24)		1	39	3	4
		2	12	3	4			2	40	1	4
	C	1	13	4	4			3	41	2	4
		2	14	1	4			4	42	3	4
		3	15	4	4			5	43－44	2－4	8(各4)
		4	16	2	4	第5問 (24)		1	45	4	4
		5	17	2	4			2	46	3	4
		6	18	3	4			3	47	4	4
		7	19	1	4			4	48	1	4
		8	20	3	4			5	49－50	2－3	8(各4)
	D	1	21	1	4						
		2	22	3	4						
	E	1	23	4	4						
		2	24	1	4						
		3	25	2	4						
		4	26	1	4						
	F	1	27	2	4						
		2	28	4	4						

(注)　－(ハイフン)でつながれた正解は，順序を問わない。

平成24年度大学入試センター試験

韓 国 語

問題と正解・解説

韓　国　語

（解答番号　1　～　50　）

第1問　次の問い（A〜C）に答えよ。（配点　32）

A　次の問い（問1・問2）において，下線部の発音が他と異なるものを，それぞれ下の①〜④のうちから一つずつ選べ。

問1　1

① 어려움 속에서 살아남기 위해 안간힘을 썼다.
② 말하기에 비해 읽기는 잘하는 편이다.
③ 그 드라마는 요즘 인기가 대단하다.
④ 매일 라디오의 일기 예보를 듣는다.

問2　2

① 친구들하고 야구장에 갔다 왔다.
② 글짓기 대회에서 상장을 탔다.
③ 지난주 외국에 출장을 갔다.
④ 우리 아이를 위해 새로 책장을 샀다.

第１問

第１問は漢字の読み方を含めて発音に関する問題である。平成２３年度と同様に，問題の文（語）がないので，すべての選択肢の文（語）に関する知識がないと解けない形式になっている。出題傾向は平成２３年度と同様である。

> Aは発音問題であるが，各問題の選択肢には引っかかりやすいものが入っているので，すべての選択肢の語に関する知識がないと解けないようになっている。
> 必要とされる知識は，有声音化と濃音化であるが，通常の濃音化の規則に加えて，用言の子音語幹や漢字音における濃音化，そして個々の単語に対する正確な知識が必要である。

問１　　1　　正解④　配点４点

字母の組み合わせだけを見ると，②は濃音化，それ以外は有声音化が起こるように見える。しかし，有声音化が起こるのは④のみであり，①〜③は濃音化が起こる。①用言の子音語幹なので有声音化ではなく濃音化が起こる。②通常の濃音化規則。③漢字音における例外的な濃音化。④通常の有声音化。日本語訳は「④毎日ラジオの天気(日気)予報を聞く。①苦難の中から生き残るために必死の努力をした。②「話す」に比べ「読み」は上手なほうである。③あのドラマは最近大変な人気である。」である。

問２　　2　　正解①　配点４点

字母の組み合わせだけを見ると，④は濃音化，それ以外は有声音化が起こるように見える。しかし，有声音化が起こるのは①のみであり，②〜④は濃音化が起こる。①通常の有声音化。②漢字音における例外的な濃音化。③漢字音の場合「ㄹ」パッチムに続く「ㅈ, ㄷ, ㅅ」は濃音化する。④通常の濃音化。日本語訳は「①友達と野球場に行って来た。②作文大会で賞状をもらった。③先週外国へ出張に行った。④子供のために新しく本棚を買った。」である。

B 次の問い(問1〜3)の文において，下線部のハングル表記が正しくないものを，それぞれ下の①〜④のうちから一つずつ選べ。

問1　3

① 백화점에서 양복을 <u>맞추었다</u>.
② 거울에 얼굴을 <u>비추었다</u>.
③ 회사 측은 그 사실을 <u>감추었다</u>.
④ 너무 더워서 온도를 <u>나추었다</u>.

問2　4

① 오늘은 <u>날씨</u>가 참 좋다.
② 바다에서 <u>낚씨</u>를 했다.
③ 음식 만드는 <u>솜씨</u>가 대단하다.
④ 형은 <u>글씨</u>를 아주 잘 쓴다.

問3　5

① 옆 사람에게 들리지 않게 작은 목소리로 <u>속삭였다</u>.
② 고개를 <u>숙인</u> 채 잠시 거기 서 있었다.
③ 알 수 없는 글자가 돌에 <u>색여져</u> 있었다.
④ 모든 사람을 영원히 <u>속이는</u> 것은 불가능하다.

> Bはつづりを問う問題である。韓国語には連音化があるので，同じ発音であっても理論的に2通りのつづりの可能性がある。例えば[tari]のつづりとして「다리（脚，橋）」と「달이（月が）」とがあり得る。単語の音だけではなくつづりと一緒に覚えないとその単語のさまざまな文法的な形の発音がほとんど間違ってしまうので，ぜひつづりと一緒に覚えたいものである。

問1　　3　　　正解④　配点4点

選択肢の日本語訳は，「①デパートでオーダーメイドのスーツを注文した。②鏡に顔を映した。③会社側はその事実を隠した。④暑すぎたので温度を低くした。」である。

下線部の単語はすべて過去形の形である。これらを基本形・原形に戻すと，「①맞추다（合わせる），②비추다（映す），③감추다（隠す）」である。④は理論的には「나추다」となるが，そういう語は存在しない。「低くする」という意味の動詞の原形は낮추다である。

問2　　4　　　正解②　配点4点

選択肢の日本語訳は，「①今日は天気がとても良い。②海で釣りをした。③料理を作る腕前が大したものだ。④兄は字をとても上手に書く（きれいな字を書く）。」である。②「낚시」は濃音化が起こるので発音は「싸」になるが，実際のつづり字は「낚시」である。

問3　　5　　　正解③　配点4点

選択肢の日本語訳は，「①隣の人に聞こえないように小さな声でささやいた。②うつむいたまましばらくそこに立っていた。③わけのわからない文字が石に刻まれていた。④すべての人を永遠に騙すのは不可能である。

下線部の単語を意味が通じるように基本形・原形に戻すと，「①속삭이다（ささやく），②숙이다（うつむく），③새기다（刻む），④속이다（騙す）」であり，③のつづりが間違っているのがわかる。

C 次の問い(問1〜3)において，a〜cは韓国語の単語を漢字で表記したものである。下線部をハングルで表記した場合(例：長　장)の異同について正しく述べたものを，それぞれ下の①〜⑤のうちから一つずつ選べ。なお，（　）内は日本の常用漢字の字体である。

問1　6

　　a　階段　　　　　b　後悔(後悔)　　　c　公開

　　① aとbが同じ　　② aとcが同じ　　　③ bとcが同じ
　　④ すべてが同じ　　⑤ すべてが異なる

問2　7

　　a　有利　　　　　b　唯一　　　　　　c　優秀

　　① aとbが同じ　　② aとcが同じ　　　③ bとcが同じ
　　④ すべてが同じ　　⑤ すべてが異なる

問3　8

　　a　情緒(情緒)　　b　著者(著者)　　　c　敍述(叙述)

　　① aとbが同じ　　② aとcが同じ　　　③ bとcが同じ
　　④ すべてが同じ　　⑤ すべてが異なる

Cは例年出題されている漢字音の異同を問う問題である。韓国語における漢字音は原則として1字1音であり，漢字熟語も日本語と共通するものが多いので，漢字音を覚えると語彙が急速に増える。センター試験の出題とは無関係に，基本的な漢字音はぜひとも覚えておきたいものである。

問1　　6　　　正解⑤　配点4点

下線部の日本漢字音はすべて「カイ」であるが，日本語で同じ音を持つ漢字が韓国語でも同じ漢字音を持つとは限らない。それぞれの漢字音はa 계단，b 후회，c 공개なので「⑤すべてが異なる」が正解。

問2　　7　　　正解①　配点4点

下線部の日本漢字音はaとcが同じであるが，韓国漢字音はaとbが同じである。それぞれの漢字音はa 유리，b 유일，c 우수なので「①aとbが同じ」が正解。

問3　　8　　　正解②　配点4点

下線部の日本漢字音はaとbが同じであるが，韓国漢字音はaとcが同じである。それぞれの漢字音はa 정석，b 적자，c 서술なので「②aとcが同じ」が正解。

冒頭でも述べたように，漢字音を覚えると語彙が急速に増えるので，教育漢字程度の漢字音は覚えておきたい。その際には，漢字を個々バラバラに暗記するよりも，漢字熟語の形で覚える方が効率的である。

第 2 問 次の問い（A～F）に答えよ。（配点　80）

A　次の問い（問 1・問 2）の下線部の単語について，辞書の見出し語の形として正しいものはどれか。それぞれ下の①～④のうちから一つずつ選べ。

問 1　나팔을 불러 공원에 갔다.　☐9☐

　① 불다　　② 부르다　　③ 붇다　　④ 불러다

問 2　음식을 가려 먹는 버릇은 고치는 게 좋다.　☐10☐

　① 가다　　② 가리다　　③ 갈리다　　④ 가려다

第2問

正確な文法力や語彙力を問う問題である。

> Aは与えられた用言を基本形に戻す問題形式である。この問題を解くために要求される基本知識はㄹ語幹用言及び「ㅣ」母音語幹用言の活用であるが，単語の意味と文脈の意味が正確に分からないと解けない問題である。

問1　　9　　正解①　配点4点

「ラッパを吹くために公園に行った。」ㄹ語幹用言を原形に戻す問題。불러の活用形は，理論的には語尾の「-(으)러」が付いた可能性と「-아/어」が付いた可能性が考えられる。「-아/어」の形になり得るのは②や④があるが，④불러다という単語は存在しない。そして②부르다の「-아/어」形「불러」は「呼んで，歌って」という意味になるので「ラッパを」とは意味的に組合さらない。①불다（吹く）の「-(으)러」の形が「불러（吹くために・吹きに）」となるので①が正解。

問2　　10　　正解②　配点4点

「食べ物を選り好みして食べる習慣は直したほうが良い。」「ㅣ」母音語幹用言を原形に戻す問題である。가려の活用形は語尾の「-(으)려」が付いた可能性と「-아/어」形であり，理論的には④の可能性もあるが，가려다という単語は存在しない。「選り好む」は「가리다」であり，②が正解。

B 次の問い(問1・問2)において，ア〜ウのように単語の形を変えたとき，その正誤の組合せとして正しいものを，それぞれ下の①〜⑧のうちから一つずつ選べ。

問1 11

ア 까다롭다 → 까다롭거든요　　イ 넣다 → 넣거든요
ウ 씻다 → 씻거든요

① ア 正　イ 正　ウ 正　　② ア 正　イ 正　ウ 誤
③ ア 正　イ 誤　ウ 正　　④ ア 正　イ 誤　ウ 誤
⑤ ア 誤　イ 正　ウ 正　　⑥ ア 誤　イ 正　ウ 誤
⑦ ア 誤　イ 誤　ウ 正　　⑧ ア 誤　イ 誤　ウ 誤

問2 12

ア 많다 → 많았은데요　　イ 푸르다 → 푸르렀는데요
ウ 비비다 → 비볐는데요

① ア 正　イ 正　ウ 正　　② ア 正　イ 正　ウ 誤
③ ア 正　イ 誤　ウ 正　　④ ア 正　イ 誤　ウ 誤
⑤ ア 誤　イ 正　ウ 正　　⑥ ア 誤　イ 正　ウ 誤
⑦ ア 誤　イ 誤　ウ 正　　⑧ ア 誤　イ 誤　ウ 誤

Bは与えられた単語のつづりを問う問題である。

問1　11　　正解①　配点4点

「-거든요（〜なものですから）」のつけ方を問う問題である。「-거든요」はすべての用言語幹にそのままつけるものなので，ア，イ，ウすべて正しい①が正解。日本語訳は「(ア)複雑だ・ややこしい，(イ)入れる，(ウ)洗う」である。

問2　12　　正解⑤　配点4点

「-는데요/은데요（〜ですが）」のつけ方を問う問題である。現在形の場合は品詞によって「-는데요」か「-은/ㄴ데요」を区別してつけるが，過去形「-았/었」に続く場合は品詞を問わず「-는데요」をつける。(ア)誤（正しくは「많았는데요」），(イ)と(ウ)が正なので⑤が正解。日本語訳は「(ア)多い，(イ)青い，(ウ)こする」である。ちなみに，(イ)は러変則なので，過去形은푸르렀는데であり，選択肢は正しく書けている。풀렀는데と思い違いすると正解が選べないので注意したい。

C 次の問い(問1〜8)の 13 〜 20 に入れるのに最も適当なものを，それぞれ下の①〜④のうちから一つずつ選べ。

問1 우리 할머니는 열여섯 살 13 결혼하셨대.

① 로써　　② 에서　　③ 로　　④ 에

問2 어머니 가슴에 꽂 한 14 를 달아 드렸다.

① 줄기　　② 송이　　③ 자루　　④ 그루

問3 좋은 면이 15 하면 나쁜 면도 있는 법이다.

① 있을지　　② 있을까　　③ 있는가　　④ 있는지

問4 말이 나온 16 하고 싶은 얘기를 다 해 버렸어요.

① 겸에　　② 결에　　③ 길에　　④ 김에

問5 만약에 그릇에 17 가면 혼날 줄 알아라.

① 상처라도　　② 틈이라도　　③ 금이라도　　④ 자국이라도

問6 이상한 냄새가 코를 18 .

① 찔렀다　　② 찍었다　　③ 치었다　　④ 짚었다

問7 유리는 19 어이가 없어서 말이 나오지 않았다.

① 굳이　　② 하도　　③ 도저히　　④ 차마

正解と解説

> Cは正確な文法力と語彙力が要求される問題である。助詞や活用形の正確な意味が問われる文法力や，前後の単語との組み合わさり方及び慣用的な表現が問われる語彙力が要求される問題である。

問1　13　正解④　配点4点
「祖母は十六歳で結婚されたんだって。」「〜歳で」の「で」は「-에」なので④が正解。日本語の語感に合わないので覚えておきたい用法である。他の選択肢は「①〜をもって，②〜で/から，③〜へ/に。」である。

問2　14　正解②　配点4点
「母の胸に花を一本つけてさしあげた。」助数詞を問う問題である。花を数える「本」は「송이」なので②が正解。選択肢の助数詞は日本語ではすべて「本」に対応するが，韓国語では①は川，③は鉛筆など，④は木を数える単位である。

問3　15　正解③　配点4点
「良い面もあれば悪い面もあるものだ。」日本語の「AもあればBもある」の表現構造における「あれば」は，「있으면」ではなく「있는가 하면」となるので，そのまま覚えなければならない。日本語訳は「①あるか（どうか），②あるだろうか，④あるか（どうか）」である。

問4　16　正解④　配点4点
「話が出たついでに言いたいことを全部話してしまいました。」「〜したついでに」は「-ㄴ/은 김에」なので，「-ㄴ/은」や「김에」に分解せずそのまま覚えなければならない。

問5　17　正解③　配点4点
「万が一器にひびでも入ったらただでは済まないぞ。」連語関係の知識が問われる問題である。意味だけを考えると，「①キズでも，②割れ目でも，④痕でも」となっているので，すべて可能のように見える。しかし，「가다」と組み合わさるのは「금」だけなので，「금이 가다」（ひびが入る）で覚えなければならない。

問6　18　正解①　配点4点
「変な匂いが鼻をついた。」「鼻をつく」に対応する「코를 찌르다」も慣用的な表現なので，そのまま覚えるべきである。④짚다も「つく」という意味であるが，「手

問 8 윤아는 밥을 　20　 하고 학교에 갔다.

① 먹어도 말아도　　② 먹을지 않을지
③ 먹어야 말아야　　④ 먹는 둥 마는 둥

D　次の問い(問1・問2)において，下線部の語句と入れ替えたとき，文意が最も近くなるものを，それぞれ下の①～④のうちから一つずつ選べ。

問 1 김 선생님께서 오실 줄은 <u>생각도</u> 못 했습니다. 　21　

① 생각만　　② 생각마저　　③ 생각조차　　④ 생각까지

問 2 버스를 <u>타고 보니</u> 승객이 나밖에 없었다. 　22　

① 타더니　　② 탔더니　　③ 타다 보니　　④ 탔으면

をつく，杖をつく」などのように用いられる。

問7　19　　正解②　配点4点
「ユリはあまりにも呆気に取られて言葉が出なかった。」慣用的な表現を問う問題である。「어이가 없다（呆気にとられる）」の前に来る「あまりにも」はほぼ「하도」に決まっている。他の選択肢は「①あえて，③到底，④どうしても（～できない）。」である。

問8　20　　正解④　配点4点
「ユナはご飯もそこそこに学校に行った。」「～をそこそこに済ませて」は「-는 둥 마는 둥」なので，④が正解。③は韓国語として成立しない。①や②もスタンダードな表現とは言えず，話し言葉として辛うじて許容される程度である。無理に訳せば，①「食べても（食べ）なくても」，②「食べるか（食べ）ないか」となる。

> Dは置き換えの問題である。与えられた文法形式と同じような意味を表す形を選ばせる問題であり，正確な文法力が要求される。問1は助詞，問2は「～したら」という表現の置き換えである。

問1　21　　正解③　配点4点
定義文は「金先生がいらっしゃるとは思いもよりませんでした。」選択肢は「①考えだけ，②考えまでも，③考えさえ，④考えまで」なので，③が正解である。一見②も成立しそうに見えるが，「마저」の後に否定表現は続きにくい。

問2　22　　正解②　配点4点
定義文は「バスに乗ってみたら乗客が私しかいなかった。」選択肢の語は日本語ではすべて「～乗ったら」と言えるので高度な文法力が要求される問題である。「～してみたら」は「-았/었더니」なので②が正解。①「-다더니」は「乗る」という動作を行う人と話者とが異なる場合に用いられる。③は「乗る」という動作を何度も行っているうちに，という意味であり，④は後ろに「～しなさい」や「いいなあ」などの表現が続き，「乗ったら～しなさい」や「乗ってほしいなあ」という意味を成す。

E 次の問い(問1〜4)の下線部の日本語に相当する韓国語として最も適当なものを，それぞれ下の①〜④のうちから一つずつ選べ。

問1 できる限り早く来てください。
　　 23 일찍 와 주세요.

　① 가능한 한　　　　② 될 수 있게
　③ 할 수 있으면　　　④ 무한히

問2 こんな遅くに電話するなんて，どうしたんですか。 24

　① 이런 늦게 전화한다니 무슨 일이 있었어요?
　② 이런 늦게 전화하다니 어떻게 했어요?
　③ 이렇게 늦은 시간에 전화한다니 어떻게 했어요?
　④ 이렇게 늦은 시간에 전화하다니 무슨 일이 있어요?

問3 いまさら行ったところで無駄だと思いますけど。
　　 이제 와서 25 .

　① 간 곳에서는 쓸데없을 거예요
　② 가 봐도 소용없다고 생각할 텐데요
　③ 가 보니까 쓸데없다고 생각할 거예요
　④ 가 봤자 소용없을 텐데요

問4 太郎は毎日のように遅刻して来る。
　　 다로는 26 .

　① 거의 매일 지각해 온다　　② 매일처럼 늦어진다
　③ 매일이듯이 지각한다　　　④ 매일같이 늦는다

> Eは単語ごとの直訳では対応しない，フレーズ単位で覚えるべき表現に関する問題である。フレーズ単位の表現は，その中身を分解して全体の意味を得ることができないので，ひとかたまりの表現に対する知識がないと解けない。

問1　23　　正解①　配点4点
選択肢は「①できる限り，②できるように，③できるなら，④無限に」なので，①が正解である。一見③も正解のように見えるが，「誰かが何かをすることができるのであれば」という表現に用いられる。

問2　24　　正解④　配点4点
正確な文法知識がないと解けない問題である。①や②「이런 늦게」は連体形が副詞形を修飾しており，韓国語として成立しない。そして，「〜するなんて」は「-다니」であり，また「どうしたんですか」は「どのようにしたんですか」ではなく「どのようなことがあったんですか」という意味なので，④が正解である。③は전화한다고 하니の縮約形で，「電話をするというので」という意味になる。

問3　25　　正解④　配点4点
「〜したところで（無駄）」は「-아/어 봤자」なので④が正解である。一見②も正解のように見えるが，文末の意味は「〜無駄だと（誰かが）思っていると思いますけど」なので間違い。①「곳」は実際の空間を意味する「ところ」を意味するので間違い。③「가 보니까」は「行ってみたら」なので間違い。

問4　26　　正解④　配点4点
定義文の「毎日のように」は「ほぼ毎日」という意味であり，これに対応するのは①と④である。しかし①「지각해 오다」は韓国語として成立しない。④が正解である。②「늦어진다」は「遅くなる」，③「매일이듯이」は「毎日であるように」なので間違い。「遅刻して来る」は「늦는다」，「늦게 온다」，「지각한다」などのように言う。

F 次の問い(問1・問2)において，27 ・ 28 に入れるのに適当でないものを，それぞれ下の①～④のうちから一つずつ選べ。

問1 27 치러 가자.

① 골프　　② 야구　　③ 테니스　　④ 탁구

問2 요즘 인기가 28 가수가 누구예요?

① 넓은　　② 높은　　③ 많은　　④ 좋은

> Fは連語関係，つまり単語と単語との組み合わさり方の知識を問う問題である。

問1　27　　正解②　配点4点
「□□□打ちに行こう。」選択肢の日本語訳は「①ゴルフ，②野球，③テニス，④卓球」である。「치다（打つ）」と言わないのは野球なので②が正解である。野球は「하다（する）」と言う。

問2　28　　正解①　配点4点
「最近人気が□□□歌手が誰ですか？」選択肢は「①広い，②高い，③多い，④良い」である。「人気が広い」とは言わないので，①が正解である。

第 3 問 次の問い(A〜C)に答えよ。(配点 40)

A　次の問い(問1〜7)の 29 〜 35 に入れるのに最も適当なものを，それぞれ下の①〜④のうちから一つずつ選べ。

問1　A：한국말 잘하시네요.
　　　B： 29
　　　A：아니에요, 정말 유창하세요.

①　잘하기는요.
②　빨리 하기는요.
③　그냥 좋아요.
④　시간이 많아요.

問2　A：연습도 끝났는데 어디 앉아서 좀 쉬자.
　　　B：근처에 그늘진 데가 없을 텐데…….
　　　A： 30 　내가 아까 봐 놓은 데가 있어.

①　날이 저물었어.
②　걱정 마.
③　또 연습 있어.
④　늦잠 자지 마.

問3　A：영림아! 너 어디 있니?
　　　B： 31
　　　A：없어요. 다른 애들은 다 집에 있는데.
　　　B：어딜 갔을까?

①　안 찾았어?
②　못 찾았어?
③　날 찾았어?
④　뭘 찾았어?

第3問

短い会話文の意味を正確に読み取る読解力を問う問題である。昨年度のような長い会話文がなくなり，代わりに短い会話文を完成させる形式の問題が増えている。

> Aは語彙力や読解力があれば解ける問題である。ただし，問3は「否定」と「不可能」の違いを区別する必要がある。

問1　29　　正解①　配点4点
A：韓国語お上手ですね。
B：29
A：いいえ，本当に流暢でいらっしゃいます。

①上手だなんて。　　　　　　②早くするなんて。
③なんとなく良いです。　　　④時間が多いです。

問2　30　　正解②　配点4点
A：練習も終わったし，どこかに座ってちょっと休もう。
B：近くに日陰がないと思うけど…
A：30　私がさっき見ておいたところがあるから。

①日が暮れたぞ。　　　　　　②心配しないで。
③また練習があるんだ。　　　④寝坊しないで。

問3　31　　正解②　配点4点
A：ヨンリム，お前どこにいる？
B：31
A：いないです。他の子は皆家にいるんですけど。
B：どこに行ってるんだろう。

①探さなかった？　　　　　　②見つかってないの？
③私を探した？　　　　　　　④何を探した？/何が見つかったの？

この文脈だけではわかりにくいかもしれないが，見当たらない人を探している場面である。「안부정」は意思を持ってその動作を行わない，という意味合いがある。「못부정」は「できない」という不可能の意味を表している。さらに，「찾다」は「探す，見つかる，見つける」の意味があるので，「안 찾다」は「探さない」，「못 찾다」は「見つからない/見つけられない」となる。

問 4　A : 기숙사에는 언제 들어갈 거니?

B : 내일 들어갈 거예요.

A : 그렇게 빨리? 방학인데 집에서 며칠 더 쉬다 가면 어때?

B : ┃ 32 ┃ 내일 기숙사에서 모임이 있어서요.

① 그러고 싶지만 가 봐야 돼요.

② 그럼 며칠 묵었다 갈게요.

③ 그래서 쉬지 말아야 한다니까요.

④ 예, 그렇게 하도록 할게요.

問 5　A : 회의실 문이 잠겨 있어요.

B : 그렇죠. 아직 시간이 안 됐으니까요.

A : ┃ 33 ┃ 저보다 빨리 오셨네요.

B : 어쩌다 그렇게 됐어요.

① 그도 그럴 것이

② 그러거나 말거나

③ 그래서 그런지

④ 그러고 보니까

問 6　A : 지혜 씨, 무슨 좋은 일이라도 있어요?

B : 그렇게 보여요?

A : 네, 오늘 아주 멋져요.

B : ┃ 34 ┃ 오늘 저녁에 동창회가 있거든요.

① 마음 좀 상했어요.

② 바쁘기 때문이에요.

③ 시력이 좋으니까요.

④ 신경 좀 썼어요.

問4　32　　正解①　配点4点
A：寄宿舎にはいつ戻るの？
B：明日戻ります。
A：そんなに早く？　休みなんだから家であと何日か休んで行ったらどう？
B：32　明日寄宿舎で集まりがありますから。

選択肢の日本語訳は以下の通りである。
①そうしたいですが，行かなければなりません。
②では何日か泊まって行きます。
③だから休んじゃいけないって言ってるじゃないですか
④はい，そのようにします。

問5　33　　正解④　配点4点
A：会議室の鍵が閉まっています。
B：そうでしょう。まだ時間になってませんから。
A：33　私より早く来られましたね。
B：たまたまそうなりました。

①それもそのはず
②そうしようがするまいが
③だからなのか
④そういえば

問6　34　　正解④　配点4点
A：チエさん，何かいいことでもあったんですか？
B：そう見えますか？
B：ええ，今日とても素敵です。
A：34　今日の夕方に同窓会があるんです。

①ちょっと気を悪くしたんです。
②忙しいからです。
③視力が良いものですから。
④ちょっと気合を入れました。

問 7　A : 성민아, 오랜만이구나. 부모님은 안녕하시지? 아이들도 잘 있고?
　　　B : 네, 덕분에 잘 지냅니다. 선생님도 별일 없으시죠?
　　　A : [35]
　　　B : 예, 그렇지 않아도 한번 찾아뵈려고 했어요.

① 아니, 지금 우리는 최고로 행복해.
② 미안해. 앞으로는 더 열심히 살게.
③ 응, 아주머니는 지금 안 계셔.
④ 그럼. 언제 한번 놀러 와.

B　次の会話文を読み, 下の問いに答えよ。

준식 : 어? 이거 무슨 사진이야?
유정 : 어렸을 때 할머니 댁에 놀러 가서 찍은 사진이야.
준식 : 이 귀여운 꼬마가 유정이 너냐?
유정 : 응. 그리고 날 안고 계시는 분이 우리 아버지야.
준식 : 이 울고 있는 애가 지금 중학교에 다니는 네 동생이야?
유정 : 그래. 어릴 때 잘 울었거든.
준식 : 그럼 이 사람은 누구야? 누난가?
유정 : 아냐, 우리 엄마.
준식 : 진짜? 너무 젊어 보이신다! 그럼 누나는?
유정 : 누나는 이 사진에 없어.

問7 　35　　　正解④　配点4点
A：ソンミン君，久しぶりだな。ご両親はお元気でいらっしゃるよな？子供達も元気？
B：はい，お陰さまで元気です。先生もお変わりないですよね？
B：　35
A：はい，私も今度伺おうと思っておりました。

①いや，私たちは今最高に幸せなんだ。
②ごめん。これからはもっと頑張って生きていくよ。
③うん，おばさんは今いらっしゃらないんだ。
④もちろん。今度一度遊びにおいで。

> Bは会話の内容と一致する写真のイラストを探す問題である。話者の一人（ユジョン）の子供の頃撮った家族写真を見ながらの会話である。

チュンシク：あれ？これ何の写真？
ユジョン：子供の頃おばあちゃんの家に遊びに行って撮った写真なんだ。
チュンシク：このかわいいちびっ子がユジョン，君なの？
ユジョン：そう。それから私を抱っこしているのが父さんなんだ。
チュンシク：この泣いている子が今中学に通っている君の弟？
ユジョン：そう。子供の頃は泣き虫だったんだ。
チュンシク：それじゃあ，この人は誰？お姉さん？
ユジョン：いや，うちの母さん。
チュンシク：本当？若すぎるよ！じゃあ，お姉さんは？
ユジョン：姉さんはこの写真にはいないよ。

問　二人が見ている写真として最も適当なものを，次の①〜④のうちから一つ選べ。 36

問　36　　正解②　配点４点

②泣いている子より大きい男の子をお父さんが抱いているのは②のみである。ユジョンが男の子であることは会話の最後のユジョンのことば「누나」からわかる。①はユジョンがいないので間違い。③お父さんがユジョンでを抱いていないので間違い。④やはりお父さんがユジョンを抱いていないので間違い。

C 次の会話文を読み，下の問い(問1・問2)に答えよ。

A : 뭘 찾아?
B : 응, 여기 있던 봉투 못 봤어?
A : [37] 왜?
B : 거기다 내가 편지 올 때마다 [38] 를 한 장, 두 장 떼어서 넣어 뒀거든.
A : 그랬구나. 그럼 얼른 갖고 올게.

問1 [37] に入れるのに最も適当なものを，次の①~④のうちから一つ選べ。

① 편지를 쓰다가 말았는데.
② 살펴보니 아무도 없더라.
③ 지금 봉투를 사러 가는 중이야.
④ 빈 봉투 같길래 치웠는데.

問2 [38] に入れるのに最も適当なものを，次の①~④のうちから一つ選べ。

① 우표　　② 편지　　③ 카드　　④ 엽서

> C 会話文を完成させる問題であり，語彙力や読解力があれば解けるようになっている。

A：何を探しているの？
B：うん，ここにあった封筒知らない？
A： 37 どうして？
B：その中に，手紙が来るたびに 38 を一枚，二枚と剥がして入れておいたの。
A：そうだったのか。じゃあすぐに持ってくる。

問1 37   正解④　配点4点

①手紙を書きかけなんだけど。
②注意して見たら誰もいなかったよ。
③今封筒を買いに行っているところだ。
④空き封筒のようだったので片付けたけど。

問2 38   正解①　配点4点
選択肢の日本語訳は「①切手，②手紙，③カード，④葉書」である。Bの発話に，「一枚，二枚と剥がして…」とあるので，①が正解。

第４問 次の文章を読み，下の問い(問１〜５)に答えよ。(配点 24)

　　과학 기술의 발달은 인간의 삶에 많은 변화를 가져다 주었다. 바다 저쪽으로 가면 세상의 끝이 나올 거라고 믿던 시대에는 태어난 아기가 건강하게 자라나 어른이 될 확률이 그다지 높지 않았다. 그러나 의학의 발달로 수많은 병이 극복되었고 그 결과 인간의 수명도 놀랄 만큼 늘어나게 되었다. 그리고 산업화, 공업화에 따라 더 좋고 편리한 제품이 대량으로 유통됨으로써 사람들의 생활은 풍요롭고 쾌적해졌다. 이른 아침부터 해가 질 때까지 (　ア　) 일해야만 했던 시대가 지나고, 많은 사람들이 남는 시간을 즐기기 위해 온갖 궁리를 하는 세상이 되었다. 아울러 교통 및 통신의 눈부신 발달에 따라 전 세계가 하나의 생활권으로 묶이게 되었다.

　　(　Ａ　) 과학 기술의 급속한 발달에 따른 ㊶<u>부작용</u>이 점점 커지고 있는 것 또한 사실이다. 과학의 발달은 '보다 풍요롭고 보다 편리하게 살고 싶다'는 인간의 욕망에서 비롯된 면이 있다. 하지만 인간의 욕망은 한이 없는 것이어서 이를 채우려고 하다 보면 또 다른 욕망이 생기게 된다. 이러한 끊임없는 욕망 추구의 과정에서 극도의 산업화가 이루어졌고 그 결과 심각한 환경 파괴가 초래되었다. 먼저 물과 공기의 오염이 문제가 되었다. 그리고 이런 문제가 어느 정도 개선되자 이번에는 산업화가 초래한 지구 온난화*로 인해 특정한 국가나 지역을 넘어서 지구 전체가 생존의 위기에 처해 있는 것이 현실이다.

　　(　Ｂ　) 과학 기술의 발달에 따른 혜택이 누구에게나 골고루 돌아가고 있지 않다는 것도 문제이다. 보다 힘있는 자, 가진 자는 과학 기술의 혜택을 쉽게 누릴 수 있지만, 그렇지 못한 자는 상대적으로 그 혜택을 받지 못하게 됨으로써 ㊷. 자가용 비행기로 하루 만에 외국을 오가는 사람이 있는 반면 당장 먹을 것이 없어 (　イ　) 사람이 많은 것도 현실이다. 국가 간에도 이런 사정은 마찬가지다. 가난한 나라들이 먹고 살기 위해 선진국에서 나온 산업 쓰레기의 처리를 어쩔 수 없이 맡아야 하는 경우도 흔히 볼 수 있다.

　　이와 같이 인간에게 행복을 가져다 줄 것으로 믿었던 과학 기술의 발달이 오히려 인간의 삶에 불안과 불평등을 가져오게 된 것이다. (　Ｃ　) 이 시점

第4問

> 長文の読解力を問う問題である。科学技術の発展によって現代社会が得ている便益と弊害について語っている論説調の文章である。普段新聞のコラムなどを読んでいれば充分に理解できる。

日本語訳

　科学技術の発達は人間の暮らしに多くの変化をもたらした。海の向こうにはこの世の果てがあると信じられていた時代には，生まれた子供が健康に育ち，大人になる確率はそれほど高くなかった。しかし，医学の発達により数多くの病が克服され，その結果人間の寿命も驚くほど延びた。そして，産業化や工業化によってより便利で優れた製品が大量に流通するようになり，人々の生活は豊かで快適なものになった。早朝から日が暮れるまで（　ア　）働かなければならなかった時代は過ぎ，多くの人が余暇を楽しむためにあらゆる工夫をする時代になった。さらに，交通及び通信の目覚ましい発達により全世界がひとつの生活圏として結びつけられるようになった。

　（　A　）科学技術の急速な発達に伴う①副作用が段々大きくなっているのもまた事実である。科学の発達は「より豊かでより便利に暮らしたい」という人間の欲望から始まったという面がある。ところが，人間の欲望というのは限りのないもので，ある欲望を満たそうとしているうちにまた別の欲望が生まれてくる。このような果てしない欲望の追及の過程で極度の産業化が実現し，その結果深刻な環境破壊がもたらされた。まず，水と空気の汚染が問題になった。そして，それらの問題がある程度改善されると次は産業化が招いた地球温暖化に*よって，特定の国家や地域を越えて地球全体が生存の危機にさらされているのが現実である。

　（　B　）科学技術の発達による恩恵がすべての人に公平に与えられていないというのも問題である。他の人より多くの力や富を持った者は科学技術の恩恵を享受しやすいが，そうではない者は相対的にその恩恵に恵まれなくなり　42　。自家用飛行機に乗って日帰りで外国を行き来する人がいる反面，食べるものがなくて（　イ　）人が多いのも現実である。国家間でもこのような事情は同じである。貧しい国では生きるために先進国から排出される産業廃棄物の処理を仕方なく引き受けなければならない場合も稀ではない。

　このように，人間に幸せをもたらしてくれると信じていた科学技術の発達がむしろ人間の暮らしに不安や不平等をもたらすようになったのである。（　C　）この時点で

에서 우리는 근본적으로 생각을 바꿔야 하지 않을까. 즉 점점 커져 가는 욕망을 채우려고만 하기보다는 욕망의 그릇을 작게 만들고자 하는 노력이 필요한 것은 아닌지 다시 생각해 보아야 할 것이다.

*지구 온난화 : 地球温暖化

問1 （ ア ）・（ イ ）に入れる組合せとして最も適当なものを，次の①〜④のうちから一つ選べ。 39

① ア：허리가 휘도록　　イ：속을 비운
② ア：허리가 휘도록　　イ：굶을 수밖에 없는
③ ア：날이 새도록　　　イ：속을 비운
④ ア：날이 새도록　　　イ：굶을 수밖에 없는

問2 （ A ）〜（ C ）に入れる組合せとして最も適当なものを，次の①〜⑥のうちから一つ選べ。 40

① A：그리고　　B：하지만　　C：더구나
② A：그러나　　B：또한　　　C：더구나
③ A：그리고　　B：하지만　　C：그렇다면
④ A：그리고　　B：또한　　　C：더구나
⑤ A：그러나　　B：하지만　　C：그렇다면
⑥ A：그러나　　B：또한　　　C：그렇다면

我々は根本的に考え方を変えるべきではないだろうか。すなわち，どんどん膨らんでいく欲望を満たすことだけを考えるよりは，欲望の器を小さくするための努力が必要なのではないか，考え直したいものである。

問1　　39　　正解②　配点4点

本文の（ア）の前に「早朝から日が暮れるまで」とあるので，③，④は間違い。また①イの「お腹を空っぽにした」は意図的な行為なので文義に合わない。したがって②が正解。

① ア：腰が曲がるほど　　　イ：お腹を空っぽにした
② ア：腰が曲がるほど　　　イ：飢えるしかない
③ ア：夜が明けるまで　　　イ：お腹を空っぽにした
④ ア：夜が明けるまで　　　イ：飢えるしかない

問2　　40　　正解⑥　配点4点

第1段落では，科学技術の発達によって現代社会が受けている恩恵について語っているのに対して，第2段落ではその副作用を語っている。したがって（A）に入る接続詞は「しかし」（②，⑤，⑥）である。第3段落では科学技術の発展に伴う別の問題点が指摘されているので（B）に入るのは「また」（②，④，⑥）である。（C）の前の文は科学技術の発展に関する問題点をまとめたものであり，後では，それに対して我々の考え方を改めるべきと書かれている。したがって（C）に入るのは「それならば」（③，⑤，⑥）である。以上を総合すれば，正解は⑥である。

① A：そして　　　　B：とはいうものの　　C：さらに
② A：しかし　　　　B：また　　　　　　　C：さらに
③ A：そして　　　　B：とはいうものの　　C：それならば
④ A：そして　　　　B：また　　　　　　　C：さらに
⑤ A：しかし　　　　B：とはいうものの　　C：それならば
⑥ A：しかし　　　　B：また　　　　　　　C：それならば

問 3　下線部㊶の「부작용」の例として本文に挙げられていないものを，次の①～④のうちから一つ選べ。　41

① 빈부 격차　　② 공기 오염　　③ 인구 증가　　④ 환경 파괴

問 4　42　に入れるのに最も適当なものを，次の①～④のうちから一つ選べ。

① 과학 기술의 발달과 생활 수준의 향상은 관계가 없게 되었다
② 부의 공평한 분배가 점차 이루어지게 되었다
③ 사회적 불평등이 갈수록 심해지고 있다
④ 과학 기술의 발달 속도를 늦추게 되었다

問 5　本文の内容と一致するものを，次の①～⑥のうちから二つ選べ。ただし，解答の順序は問わない。　43　・　44

① 開発途上国は，先進国が排出する産業廃棄物の処理を強いられ，その結果，その国の国民に健康被害が広がっている。
② 産業化による大気汚染は多少改善されたが，その一方で，より深刻な事態がもたらされている。
③ 科学技術の発達は，人々を長時間労働から解放し，貧富の格差を減少させるのに貢献してきた。
④ 科学技術の発達は，元来，人間を幸福にすることのみを目的としたものではなかったはずである。
⑤ 科学技術の恩恵にあずかれるかどうかは，個人においても国家においても，力と財力の有無に左右される。
⑥ 現在起きている諸問題を解決するためには，人間の欲望を抑制しうる技術を開発する必要がある。

問3　41　　正解③　配点4点

選択肢の日本語訳は「①貧富の格差，②空気汚染，③人口の増加，④環境破壊」である。①人口の増加に関しては，科学の発達によって人間の寿命が延びたことは言及しているが，副作用であるとは言っていないので③が正解。

問4　42　　正解③　配点4点

空欄を埋める問題である。空欄の前では科学技術の発達による恩恵が平等に与えられていないことを述べている。以下の選択肢から選ぶとすれば，③が最も適切である。
①　科学技術の発達と生活水準の向上とは関係がなくなった
②　富の公平な分配がだんだん実現するようになった
③　社会的な不平等がだんだん大きくなっている
④　科学技術の発達速度を遅らせるようになった

問5　43・44　　正解②⑤　配点各4点

本文の内容に対する理解度を問う問題である。①については，発展途上国の国民の健康被害のことは書かれていないので間違い。②については，第2段落の最後の部分に書かれた内容と一致するので正解。③については，貧富の差が減少したとは書かれていないので間違い。④については，科学技術の発展は幸福をもたらすものと信じていたと書かれているので，間違い。⑤は第3段落の内容と一致するので正解。⑥については，技術を開発する必要があると書かれていないので間違い。

第５問 次の文章を読み，下の問い（問１〜５）に答えよ。（配点 24）

　정우 형과의 추억은 초등학교 3학년 때의 여름방학이 마지막이었다. 그날은 같은 동네에 사는 정우 형의 자전거를 빌려 처음으로 자전거를 배운 날이기도 했다. 중학생이었던 형의 자전거는 내가 타기에는 좀 컸지만, 내가 조르기도 했고 형도 가르쳐 주겠다고 해서 내가 형의 자전거를 (　A　) 형을 (　B　) 학교 운동장으로 갔다.

　그날 나는 난생처음으로 자전거의 안장에* 앉아 보는 거라 자신은 없었지만 형이 뒤에서 잡아 준 덕분에 넘어지지 않고 조금씩 앞으로 나아갈 수 있었다. 비틀거리는 자전거 위에서 균형을 잡기 위해 안간힘을 쓰고 있는 나에게 형은 넘어져도 좋으니까 페달을 계속 세게 밟으라고 했다. 나는 페달을 세게 밟으면 자세가 더 불안해져서 넘어질까 두려웠지만 형의 지시를 따를 수밖에 없었다.

　출발 후, 자전거가 앞으로 나아가기 시작하면서 ㊻여러 문제가 생기기 시작했다. 넘어질지도 모른다는 불안감과 공포로 앞도 보이지 않고 눈에 들어오는 것이라고는 꼭 쥐고 있는 핸들뿐이었다. 또 핸들을 쥐고 있던 손이 피곤해져서인지 점점 손아귀의 힘이 빠져나가기 시작했고 처음 앉아 본 자전거 안장 때문에 경험한 적이 없는 고통을 느끼게 되었다. 게다가 브레이크가 어디에 있는지도 몰랐던 나였기에 멈추고 싶어도 멈출 수가 없었다. 그 순간, 자전거를 잡고 있는 형에게 부탁만 하면 당연히 형이 자전거를 세워 주리라는 생각이 들었다.

　그러나 형을 부르려고 〈　ア　〉 뒤를 돌아보았을 때 자전거의 뒤에는 아무도 없었다. "정우 형!" 하고 형의 이름을 외쳤지만 형은 대답 대신 "좋아, 그렇게 그냥 앞으로 가. 밟아!"라고만 했다. 형이 자전거를 잡아 주고 있지 않다는 것을 깨닫게 되자 갑자기 전신의 힘이 〈　イ　〉 빠져 버리고 울고 싶어졌다. 저 뒤에서 계속 "밟아, 더 세게, 더!" 하는 소리가 들려왔고 나는 어쩔 수 없이 계속 밟고 또 밟았다. 그러는 사이에 나는 마음대로 방향을 바꿀 수 있게 되었고 페달 밟기를 멈춰도 달리는 자전거는 넘어지지 않는다는 것을 알게 되었다. 그리고 공포스러웠던 속도감은 나도 모르는 사이에 즐거움으

第5問

> 長文の読解力を問う問題である。筆者の幼い頃の自転車にまつわる思い出をつづった文章である。誰もが経験しそうな身近な内容なので，2ページにわたった長文ではあるが，理解しやすい文章である。

日本語訳

　チョンウ兄さんとの思い出は，小学校3年の夏休みが最後になった。あの日は同じ町内に住んでいるチョンウ兄さんの自転車を借りて，初めて自転車を習った日でもあった。中学生だったチョンウ兄さんの自転車は私が乗るにはやや大きかったが，私がおねだりしたこともあり，チョンウ兄さんも教えてくれると言ったので，私がチョンウ兄さんの自転車を（　A　）チョンウ兄さんを（　B　）学校の運動場へ行った。

　あの日，生まれて初めて自転車のサドルに*座ったので自信はなかったが，チョンウ兄さんが後ろから支えてくれたおかげで倒れずに少しずつ前進することができた。よろけながら自転車のバランスを取るために必死で頑張っている私にチョンウ兄さんは，転んでもいいから強くペダルを踏み続けろと言った。私は，ペダルを強く踏めば踏むほど姿勢が不安定になり，倒れるのではないかと思って恐かったが，チョンウ兄さんの指示に従うしかなかった。

　出発して，自転車が前に進み始めたらいろいろな問題が起こり始めた。倒れるかもしれないという不安や恐怖で進行方向も見えず目に入るのはしっかり握っているハンドルのみだった。また，ハンドルを握っていた手が疲れてきたからか次第に手に力が入らなくなり，初めて座った自転車のサドルのために経験したことのない苦痛を感じるようになった。その上，ブレーキがどこに付いているかも知らなかった私は，止まりたくても止めることができなかった。その瞬間，自転車を支えているチョンウ兄さんに頼めば当然自転車を止めてくれるだろうと思った。

　しかし，チョンウ兄さんを呼ぼうと〈　ア　〉後ろを振り向いたら自転車の後ろには誰もいなかった。「チョンウ兄さん！」と叫んだが，チョンウ兄さんは返事の変わりに「いいぞ，そういう風にそのまま前に進め。踏め！」とだけ言った。チョンウ兄さんが自転車を支えてくれていなかったことに気づくと，急に全身の力が〈　イ　〉抜けてしまい泣きたくなった。遥か後ろから「踏め，もっと強く，もっと！」という声が聞こえてきて，私は仕方なく踏んで踏んで踏み続けた。そうしているうちに私は自由に方向を変えられるようになり，ペダルを踏むのをやめても走っている自転車は倒れないということがわかった。そして，恐ろしかったスピード感はいつの間にか楽し

로 바뀌어 흥분되기까지 했다.

　방향을 돌려 정우 형에게 다가가며 "이거 어떻게 세우는 거야?" 하고 말을 걸 정도로 여유가 생겼다. 정우 형은 "핸들에 있는 게 브레이크야. 그걸 〈　ウ　〉 쥐어!"라고 소리쳤다. 그 말대로 나는 오른쪽 핸들에 붙어 있는 브레이크라는 걸 힘껏 쥐었다. 순간 어떻게 된 일인지 자전거는 멈춘 것 같았으나 내 몸은 앞으로 쏠리며** 자전거 핸들에 가슴을 부딪쳤다. 그리고는 자전거에서 떨어졌다.

　"미안 미안, 왼쪽 브레이크도 잡으라는 말을 안 했네." 형이 달려오며 미안하다고 했지만 나는 땅바닥에 엎어져 아무 말도 하지 않았다. 겨우 알게 된 자전거를 타는 즐거움은 연기처럼 사라져 버렸고 머릿속은 몸 여기저기가 아프다는 것으로 〈　エ　〉 차 버렸다. 세우는 법을 제대로 안 가르쳐 준 형이 미웠고 두 번 다시 자전거를 타지 않겠다고 다짐까지 했었다. 눈물이 터져 나왔고 일어나 옷도 털지 않은 채 울면서 집으로 갔다.

　그날 일을 생각하면 지금도 ㊼얼굴이 붉어진다. 그때 정우 형 덕분에 자전거 타는 법을 배울 수 있었고, 그 후 자전거는 나의 친한 친구가 되었다. 그렇지만 어리기만 했던 그때의 나는 말도 없이 자전거를 놓아 버린 정우 형을 이해할 수 없었고 처음부터 브레이크 잡는 법을 가르쳐 주지 않아 나를 다치게 만든 정우 형을 용서하지 못했었다. 나중에 알게 된 것이지만 얼마 후에 정우 형네 가족은 이사를 갔다.

　오늘 우연히 정우 형이 대학 졸업 후에 지금 미국 어딘가에서 유학 중이라는 이야기를 처음 들었다. 그 이야기를 들으니 잊고 있던 옛 추억이 떠올라 형이 보고 싶어졌다. 만나서 그때는 전하지 못했던 감사의 마음을 꼭 정우 형에게 전해야 하니까.

　　*안장 : サドル
　　**쏠리다 : 傾く

さに変わって興奮さえ覚えた。
　方向を変えチョンウ兄さんのところに近づき「これどうやって止めるの？」と話しかける余裕さえできた。チョンウ兄さんは「ハンドルに付いているのがブレーキだ。それを〈　ウ　〉握れ！」と叫んだ。言われたまま私は右側のハンドルに付いているブレーキというものを力いっぱい握った。その瞬間どういうわけか自転車は止まったようだが，自分の体は前のほうに傾き**自転車のハンドルに胸をぶつけた。そして自転車から落ちた。
　「ごめん，ごめん，左側のブレーキも握れとは言わなかったな」チョンウ兄さんが走ってきてすまないと言ったが，私は地べたにうつぶせに倒れたまま何も言わなかった。せっかく覚えた，自転車に乗る楽しさは煙のように失せてしまい，頭の中は体のあちこちが痛いということで〈　エ　〉いっぱいになった。止め方をきちんと教えてくれなかったチョンウ兄さんが憎かったし，二度と自転車に乗るまいと決心さえしたのである。涙が湧き出て起き上がると服に付いた土を払いもせずに泣きながら家に帰った。
　あの日のことを考えると今でも顔が赤くなる。あのときチョンウ兄さんのお陰で自転車の乗り方を覚え，その後自転車は私の親しい友達となった。それなのに、幼かった当時の私は何も言わずに自転車から手を放してしまったチョンウ兄さんのことが理解できなかったし，最初からブレーキのかけ方を教えてくれずに私に怪我を負わせたチョンウ兄さんが許せなかった。後から分かったことだが，しばらくしてチョンウ兄さんの家族は引っ越して行った。
　今日偶然チョンウ兄さんは大学卒業後今はアメリカのどこかに留学中だという話を初めて聞いた。その話を聞いたら忘れていた昔の思い出が浮かび，チョンウ兄さんに会いたくなった。会ってあのときは伝えられなかった感謝の気持ちを必ずチョンウ兄さんに伝えなければならないので。

問1 (A)・(B)に入れる組合せとして最も適当なものを，次の①〜④のうちから一つ選べ。 45

① A：타고　　B：데리고　　② A：끌고　　B：따라
③ A：밀고　　B：모시고　　④ A：사서　　B：태워

問2 下線部㊻の指すものとして適当でないものはどれか。次の①〜④のうちから一つ選べ。 46

① 브레이크의 위치를 몰라 세우지 못하는 현실
② 손의 힘이 없어져 핸들을 놓칠 것 같은 불안감
③ 자전거 안장에 익숙하지 않아 느껴지는 고통
④ 자전거 속도가 갑자기 빨라지는 것에 대한 공포

問3 下線部㊼の理由は何か。最も適当なものを，次の①〜④のうちから一つ選べ。 47

① 넘어져서 울음을 터뜨렸던 일이 생각나서
② 자전거를 잘 못 탄 것이 창피해서
③ 고마운 걸 모르고 형을 탓했던 일이 생각나서
④ 형 생각을 하니 다시 화가 나서

問4 〈 ア 〉〜〈 エ 〉のうち2か所に「꽉」を入れるとすれば，どこがよいか。次の①〜⑥のうちから一つ選べ。 48

① 〈 ア 〉と〈 イ 〉　　② 〈 ア 〉と〈 ウ 〉
③ 〈 ア 〉と〈 エ 〉　　④ 〈 イ 〉と〈 ウ 〉
⑤ 〈 イ 〉と〈 エ 〉　　⑥ 〈 ウ 〉と〈 エ 〉

問1　45　正解②　配点4点

Aに関しては，②と③が成立するように見える。Bに関しては，③の「お共して」は中学生である兄に対する敬語としては過度なことばである。「(人)について」は韓国語では「(人)をついて」と言うので②が正解。

①A：乗って　　B：連れて　　②A：引きながら　B：ついて
③A：押して　　B：お共して　　④A：買って　　B：載せて

問2　46　正解④　配点4点

同じ段落に，「いろいろな問題」の例として①，②，③の内容が挙げられている。④の速度が急に早くなったのはペダルを踏み続けたからであり，またその恐怖感はすぐに解消したので，④が正解。

① ブレーキの位置が分からなくて止めることができない現実
② 手の力が抜けハンドルを放してしまいそうな不安感
③ 自転車のサドルに慣れなくて感じる苦痛
④ 自転車の速度が急に速くなることに対する恐怖

問3　47　正解③　配点4点

同じ段落に「顔が赤くなる」理由が書かれていて，③の内容と一致しているので，③が正解。

① 倒れて泣いてしまったことが思い出されたので
② 自転車にうまく乗れなかったことが恥ずかしくて
③ ありがたさも知らずに兄を恨んだことが思い出されて
④ 兄を思い出したら再び腹が立ったので

問4　48　正解⑥　配点4点

「꽉」という副詞の多義的な意味や使い方を問う問題である。「꽉」には「a. 力をしっかり入れる様子，b. 何かが隙間なくいっぱいに埋まる様子，c. 苦痛などを我慢して耐える様子」の意味がある。ア〜エのうち，「꽉」の意味が当てはまるのはウ（꽉 쥐다：しっかり握る）とエ（꽉 차다：いっぱいになる）である。したがって⑥が正解。

問5 本文の内容と一致するものを，次の①～⑥のうちから二つ選べ。ただし，解答の順序は問わない。 49 ・ 50

① 정우 형에게 자전거를 가르쳐 달라고 졸라 자전거 타기를 배울 수 있었다.
② 자전거를 세우려 오른쪽 브레이크를 잡는 바람에 자전거에서 떨어졌다.
③ 내가 얘기하면 정우 형이 자전거를 세워 주기로 약속을 했지만 형은 그렇게 하지 않았다.
④ 나는 정우 형 덕분에 자전거를 배웠으나, 정우 형 때문에 두 번 다시 자전거를 타지 않았다.
⑤ 자전거 타기를 배운 지 며칠 안 되어서 정우 형이 이미 미국으로 이사를 갔다고 들었다.
⑥ 정우 형이 안전하게 자전거를 가르쳐 주어서 결국 나는 자전거를 쉽게 잘 탈 수 있게 되었다.

問5　49・50　　正解①②　配点各4点

本文の内容に対する理解度を問う問題である。本文の内容と一致するのは①と②。③は，止めてくれるという約束をしていないので間違い。④は，本文に「その後自転車は私の親しい友達となった」と書かれているので間違い。⑤は，アメリカ留学は大学卒業後なので間違い。⑥は，著者は自転車から落ちるハプニングがあったので間違い。

① チョンウ兄さんに自転車を教えてほしいとねだり，自転車の乗り方を習うことができた。
② 自転車を止めようと右側のブレーキーをかけたので，自転車から落ちた。
③ 私が言えばチョンウ兄さんが自転車を止めてくれると約束をしたが，兄はそうしなかった。
④ 私はチョンウ兄さんのお陰で自転車を習ったが，チョンウ兄さんのせいで二度と自転車に乗らなかった。
⑤ 自転車に乗るようになって何日もしないうちにチョンウ兄さんはアメリカへ引っ越していったと聞いた。
⑥ チョンウ兄さんが安全に自転車を教えてくれたので，結局私はすぐに自転車がうまくなった。

韓　国　語　(200点満点)

問題番号(配点)	設問		解答番号	正解	配点	問題番号(配点)	設問		解答番号	正解	配点
第1問 (32)	A	1	1	4	4	第3問 (40)	A	1	29	1	4
		2	2	1	4			2	30	2	4
	B	1	3	4	4			3	31	2	4
		2	4	2	4			4	32	1	4
		3	5	3	4			5	33	4	4
	C	1	6	5	4			6	34	4	4
		2	7	1	4			7	35	4	4
		3	8	2	4		B		36	2	4
第2問 (80)	A	1	9	1	4		C	1	37	4	4
		2	10	2	4			2	38	1	4
	B	1	11	1	4	第4問 (24)		1	39	2	4
		2	12	5	4			2	40	6	4
	C	1	13	4	4			3	41	3	4
		2	14	2	4			4	42	3	4
		3	15	3	4			5	43－44	2－5	8 (各4)
		4	16	4	4	第5問 (24)		1	45	2	4
		5	17	3	4			2	46	4	4
		6	18	1	4			3	47	3	4
		7	19	2	4			4	48	6	4
		8	20	4	4			5	49－50	1－2	8 (各4)
	D	1	21	3	4						
		2	22	2	4						
	E	1	23	1	4						
		2	24	4	4						
		3	25	4	4						
		4	26	4	4						
	F	1	27	2	4						
		2	28	1	4						

(注)　－(ハイフン)でつながれた正解は，順序を問わない。

フリガナ	
氏　名	

解答番号	解　答　欄							
	1	2	3	4	5	6	7	8
1	①	②	③	④	⑤	⑥	⑦	⑧
2	①	②	③	④	⑤	⑥	⑦	⑧
3	①	②	③	④	⑤	⑥	⑦	⑧
4	①	②	③	④	⑤	⑥	⑦	⑧
5	①	②	③	④	⑤	⑥	⑦	⑧
6	①	②	③	④	⑤	⑥	⑦	⑧
7	①	②	③	④	⑤	⑥	⑦	⑧
8	①	②	③	④	⑤	⑥	⑦	⑧
9	①	②	③	④	⑤	⑥	⑦	⑧
10	①	②	③	④	⑤	⑥	⑦	⑧
11	①	②	③	④	⑤	⑥	⑦	⑧
12	①	②	③	④	⑤	⑥	⑦	⑧
13	①	②	③	④	⑤	⑥	⑦	⑧
14	①	②	③	④	⑤	⑥	⑦	⑧
15	①	②	③	④	⑤	⑥	⑦	⑧
16	①	②	③	④	⑤	⑥	⑦	⑧
17	①	②	③	④	⑤	⑥	⑦	⑧
18	①	②	③	④	⑤	⑥	⑦	⑧
19	①	②	③	④	⑤	⑥	⑦	⑧
20	①	②	③	④	⑤	⑥	⑦	⑧
21	①	②	③	④	⑤	⑥	⑦	⑧
22	①	②	③	④	⑤	⑥	⑦	⑧
23	①	②	③	④	⑤	⑥	⑦	⑧
24	①	②	③	④	⑤	⑥	⑦	⑧
25	①	②	③	④	⑤	⑥	⑦	⑧
26	①	②	③	④	⑤	⑥	⑦	⑧

解答番号	解　答　欄							
	1	2	3	4	5	6	7	8
27	①	②	③	④	⑤	⑥	⑦	⑧
28	①	②	③	④	⑤	⑥	⑦	⑧
29	①	②	③	④	⑤	⑥	⑦	⑧
30	①	②	③	④	⑤	⑥	⑦	⑧
31	①	②	③	④	⑤	⑥	⑦	⑧
32	①	②	③	④	⑤	⑥	⑦	⑧
33	①	②	③	④	⑤	⑥	⑦	⑧
34	①	②	③	④	⑤	⑥	⑦	⑧
35	①	②	③	④	⑤	⑥	⑦	⑧
36	①	②	③	④	⑤	⑥	⑦	⑧
37	①	②	③	④	⑤	⑥	⑦	⑧
38	①	②	③	④	⑤	⑥	⑦	⑧
39	①	②	③	④	⑤	⑥	⑦	⑧
40	①	②	③	④	⑤	⑥	⑦	⑧
41	①	②	③	④	⑤	⑥	⑦	⑧
42	①	②	③	④	⑤	⑥	⑦	⑧
43	①	②	③	④	⑤	⑥	⑦	⑧
44	①	②	③	④	⑤	⑥	⑦	⑧
45	①	②	③	④	⑤	⑥	⑦	⑧
46	①	②	③	④	⑤	⑥	⑦	⑧
47	①	②	③	④	⑤	⑥	⑦	⑧
48	①	②	③	④	⑤	⑥	⑦	⑧
49	①	②	③	④	⑤	⑥	⑦	⑧
50	①	②	③	④	⑤	⑥	⑦	⑧
51	①	②	③	④	⑤	⑥	⑦	⑧
52	①	②	③	④	⑤	⑥	⑦	⑧

合計　　　　点

フリガナ	
氏　名	

解答番号	解　答　欄							
	1	2	3	4	5	6	7	8
1	①	②	③	④	⑤	⑥	⑦	⑧
2	①	②	③	④	⑤	⑥	⑦	⑧
3	①	②	③	④	⑤	⑥	⑦	⑧
4	①	②	③	④	⑤	⑥	⑦	⑧
5	①	②	③	④	⑤	⑥	⑦	⑧
6	①	②	③	④	⑤	⑥	⑦	⑧
7	①	②	③	④	⑤	⑥	⑦	⑧
8	①	②	③	④	⑤	⑥	⑦	⑧
9	①	②	③	④	⑤	⑥	⑦	⑧
10	①	②	③	④	⑤	⑥	⑦	⑧
11	①	②	③	④	⑤	⑥	⑦	⑧
12	①	②	③	④	⑤	⑥	⑦	⑧
13	①	②	③	④	⑤	⑥	⑦	⑧
14	①	②	③	④	⑤	⑥	⑦	⑧
15	①	②	③	④	⑤	⑥	⑦	⑧
16	①	②	③	④	⑤	⑥	⑦	⑧
17	①	②	③	④	⑤	⑥	⑦	⑧
18	①	②	③	④	⑤	⑥	⑦	⑧
19	①	②	③	④	⑤	⑥	⑦	⑧
20	①	②	③	④	⑤	⑥	⑦	⑧
21	①	②	③	④	⑤	⑥	⑦	⑧
22	①	②	③	④	⑤	⑥	⑦	⑧
23	①	②	③	④	⑤	⑥	⑦	⑧
24	①	②	③	④	⑤	⑥	⑦	⑧
25	①	②	③	④	⑤	⑥	⑦	⑧

解答番号	解　答　欄							
	1	2	3	4	5	6	7	8
26	①	②	③	④	⑤	⑥	⑦	⑧
27	①	②	③	④	⑤	⑥	⑦	⑧
28	①	②	③	④	⑤	⑥	⑦	⑧
29	①	②	③	④	⑤	⑥	⑦	⑧
30	①	②	③	④	⑤	⑥	⑦	⑧
31	①	②	③	④	⑤	⑥	⑦	⑧
32	①	②	③	④	⑤	⑥	⑦	⑧
33	①	②	③	④	⑤	⑥	⑦	⑧
34	①	②	③	④	⑤	⑥	⑦	⑧
35	①	②	③	④	⑤	⑥	⑦	⑧
36	①	②	③	④	⑤	⑥	⑦	⑧
37	①	②	③	④	⑤	⑥	⑦	⑧
38	①	②	③	④	⑤	⑥	⑦	⑧
39	①	②	③	④	⑤	⑥	⑦	⑧
40	①	②	③	④	⑤	⑥	⑦	⑧
41	①	②	③	④	⑤	⑥	⑦	⑧
42	①	②	③	④	⑤	⑥	⑦	⑧
43	①	②	③	④	⑤	⑥	⑦	⑧
44	①	②	③	④	⑤	⑥	⑦	⑧
45	①	②	③	④	⑤	⑥	⑦	⑧
46	①	②	③	④	⑤	⑥	⑦	⑧
47	①	②	③	④	⑤	⑥	⑦	⑧
48	①	②	③	④	⑤	⑥	⑦	⑧
49	①	②	③	④	⑤	⑥	⑦	⑧
50	①	②	③	④	⑤	⑥	⑦	⑧

合計
点

フリガナ	
氏 名	

解答番号	解　答　欄							
	1	2	3	4	5	6	7	8
1	①	②	③	④	⑤	⑥	⑦	⑧
2	①	②	③	④	⑤	⑥	⑦	⑧
3	①	②	③	④	⑤	⑥	⑦	⑧
4	①	②	③	④	⑤	⑥	⑦	⑧
5	①	②	③	④	⑤	⑥	⑦	⑧
6	①	②	③	④	⑤	⑥	⑦	⑧
7	①	②	③	④	⑤	⑥	⑦	⑧
8	①	②	③	④	⑤	⑥	⑦	⑧
9	①	②	③	④	⑤	⑥	⑦	⑧
10	①	②	③	④	⑤	⑥	⑦	⑧
11	①	②	③	④	⑤	⑥	⑦	⑧
12	①	②	③	④	⑤	⑥	⑦	⑧
13	①	②	③	④	⑤	⑥	⑦	⑧
14	①	②	③	④	⑤	⑥	⑦	⑧
15	①	②	③	④	⑤	⑥	⑦	⑧
16	①	②	③	④	⑤	⑥	⑦	⑧
17	①	②	③	④	⑤	⑥	⑦	⑧
18	①	②	③	④	⑤	⑥	⑦	⑧
19	①	②	③	④	⑤	⑥	⑦	⑧
20	①	②	③	④	⑤	⑥	⑦	⑧
21	①	②	③	④	⑤	⑥	⑦	⑧
22	①	②	③	④	⑤	⑥	⑦	⑧
23	①	②	③	④	⑤	⑥	⑦	⑧
24	①	②	③	④	⑤	⑥	⑦	⑧
25	①	②	③	④	⑤	⑥	⑦	⑧

解答番号	解　答　欄							
	1	2	3	4	5	6	7	8
26	①	②	③	④	⑤	⑥	⑦	⑧
27	①	②	③	④	⑤	⑥	⑦	⑧
28	①	②	③	④	⑤	⑥	⑦	⑧
29	①	②	③	④	⑤	⑥	⑦	⑧
30	①	②	③	④	⑤	⑥	⑦	⑧
31	①	②	③	④	⑤	⑥	⑦	⑧
32	①	②	③	④	⑤	⑥	⑦	⑧
33	①	②	③	④	⑤	⑥	⑦	⑧
34	①	②	③	④	⑤	⑥	⑦	⑧
35	①	②	③	④	⑤	⑥	⑦	⑧
36	①	②	③	④	⑤	⑥	⑦	⑧
37	①	②	③	④	⑤	⑥	⑦	⑧
38	①	②	③	④	⑤	⑥	⑦	⑧
39	①	②	③	④	⑤	⑥	⑦	⑧
40	①	②	③	④	⑤	⑥	⑦	⑧
41	①	②	③	④	⑤	⑥	⑦	⑧
42	①	②	③	④	⑤	⑥	⑦	⑧
43	①	②	③	④	⑤	⑥	⑦	⑧
44	①	②	③	④	⑤	⑥	⑦	⑧
45	①	②	③	④	⑤	⑥	⑦	⑧
46	①	②	③	④	⑤	⑥	⑦	⑧
47	①	②	③	④	⑤	⑥	⑦	⑧
48	①	②	③	④	⑤	⑥	⑦	⑧
49	①	②	③	④	⑤	⑥	⑦	⑧
50	①	②	③	④	⑤	⑥	⑦	⑧

合計
点